넥스트
교회
넥스트
비전

NEXT
시리즈
첫 번째

시드니다음교회
새가족반 이야기

넥스트
교회
넥스트
비전

김도환 목사 지음

교회는 여기에서
어디로 가야 하는가?

좋은땅

우리가 살고 있는 이 도시에

예수 그리스도께서 주인 되신 교회를 세우기 위해서

뒤를 돌아보지 않고

부활의 영광을 향해

십자가의 길을 함께 걸어가고 있는

시드니다음교회 성도들께

이 책을 드립니다.

축하의 글

하나님의 사람들의 이야기 안에는 단순한 해프닝이 아니라 하나님이 하시고자 하는 시크릿이 숨어 있다. 시드니다음교회의 이야기, 교회의 핵심가치와 비전은 물론 저자 개인의 이야기들 안에서 뿜어져 나오는 파토스에는 미래를 향해 넘실거리는 사도행전적 웨이브가 느껴진다. 지금까지 시도해 왔던, 그리고 미래를 향해 달려갈 교회의 모습은 더 아름답고 멋질 것이라는 기대감을 이 책에서 볼 수 있어 감격이 더해진다.

'다음'. 그 이름처럼 그리스도의 몸인 교회의 경이로움을 세상 속에 가장 아름답게 분사함으로 호주 땅에 소망이 넘치는 교회로 우뚝 세워질 것을 엿볼 수 있는 것만으로 감사가 넘친다.

이규현 목사

(수영로교회 담임)

우리 주님을 찬양합니다! 시드니다음교회 10주년을 맞게 됨을 제자훈련목회자협의회(CAL-NET) 동역자들과 함께 기쁨으로 축하드립니다. 그동안 주님의 심정으로 목양해 오신 김도환 목사님과 사모님, 목회의 동역자 되신 모든 성도님들! 누군가는 씨를 뿌리고 가꾸었기에 오늘이 있었습니다. 그간의 10년을 기초로 해서 이제 새로운 10년, 아니 주님 오실 때까지 다음의 온 가족이 예수님의 신실한 제자로 견고하게 세워져 주님의 기쁨이 되길 원합니다.

그리고, 이번에 10주년을 기념해서 출판하게 된 가정과 새가족반 강의 이야기, 시드니다음교회 핵심가치를 통해서 교회의 첫 번째 부르심을 다시 한번 기억하고 그분의 교회를 세우는 기쁨을 온 공동체가 맛보고, 주의 영광을 높여 드리는 일에 일조하기를 기대합니다. 주님께서 찾으시는 그 교회가 바로 시드니다음교회이기를 기원합니다.

오정호 목사

(새로남교회 담임/제자훈련목회자협의회 이사장)

김도환 목사님이 시드니새순교회 부교역자 시절 안식년으로 풀러신학교에서 공부를 할 때였습니다. 우리교회에서 청년부를 섬겼던 사역자가 비자 문자로 갑자기 한국에 들어가 청년들의 마음이 어려울 때였는데, 그 소식을 듣고는 자신이 누려야 할 남은 3개월을 LA의 젊은이들을 위해서 아낌없이 헌신하셨습니다. 요즘같이 계산적이고 자기중심적 사고방식이 세상을 사는 지혜로 여겨지는 시대에 이런 목회자가 있다는 것이 참 감사했습니다.

김도환 목사님이 개척하신 시드니다음교회가 어느덧 10년이 되었습니다. 이 책은 자신의 여정에 대한 신앙고백이고, 자신이 사랑하는 예수님에 대한 마음의 고백이며, 자신이 섬기는 성도들에 대한 사랑의 고백입니다. 또한 주님이 주인 되는 인생, 주님이 주인 되는 가정, 주님이 주인 되는 교회에 대한 소망의 글입니다. 시드니다음교회의 다음 10년과 예수님이 주인 되시는 교회를 계속해서 세워

나가기 원하는 김 목사님과 성도들의 여정에 함께하실 하나님을 찬양하며, 책의 발간을 축하드립니다.

김기섭 목사

(LA사랑의교회 담임)

하나님은 이 땅에 두 개의 생명나무 공동체를 세워 주셨습니다. 하나는 천지 창조의 가장 클라이막스에 만들어 주신 하나님의 꿈이 담겨 있는 가정이고, 다른 하나는 주님의 사역의 하이라이트로 주님의 비전이 담겨 있는 교회라는 공동체입니다. 가정은 우리의 마음의 고향이라면, 교회는 우리 영혼의 고향입니다. 코로나로 인해, 아니 그 전부터 가정과 교회라는 생명나무 공동체는 집요한 공격을 받고 있습니다. 영적 전쟁이 가장 심한 곳이 바로 가정과 교회입니다.

가정을 회복시키는 길이 바로 교회를 교회답게 만드는 길입니다. 교회를 부흥시키는 길이 바로 가정을 가정답게 만드는 길입니다. 김도환 목사님은 가정의 소중함을 아셨고, 교회를 세울 때, 핵심가치로 가족을 포함시키셨습니다. 예배, 가족, 제자, 일상, 선교하는 핵심가치를 중심으로 시드니다음교회의 비전은 시작되었습니다. 주님께서 시드니다음교회의 10년을 인도하셨고, 아름답고 풍성한 열매를 허락하셨습니다. 그 놀라운 비밀들을 나누고 싶어 진솔한 가정과 목회의 이야기를 중심으로 생명력이 있는 책을 내셨습니다. 주옥 같은 글들입니다. 하나님의 꿈과 주님의 비전을 알고 싶은 분들, 그것들을 품고 살아가는 모든 분들, 특히 이민 사회의 가정과 교회의 리더들에게 꼭 읽어 보길 권면합니다.

김성묵 장로

(두란노아버지학교운동본부 국제대표)

이민 목회는 어떤 면에서 잠자는 승객들을 데리고 목적지를 향해 달리는 야간 열차와 같습니다. 야간 열차를 운행하는 기관사는 외롭습니다. 때로는 창밖이 잘 보이지 않고 어느 지점까지 왔는지도 잘 모를 때가 있습니다. 응원 소리도 들리지 않고 승객들을 목적지까지 안전하게 데려다주어도 감사를 표현하는 승객은 없습니다. 하지만, 열차가 목적지를 향해 계속 가면 목적지가 틀리는 사람은 기차에서 내리겠지만, 목적지가 같은 사람은 기차에 올라탈 것이라는 소명을 붙잡고 오늘도 묵묵히 이 야간 열차를 운행하는 많은 이민 목회자들이 있습니다.

시드니다음교회 설립 예배 때 축사를 했던 것이 엊그제 같은데 벌써 10년이 지났습니다. 가장 가까이에서 교회의 성장을 지켜봐 온 자로서 설립 10주년을 맞아 또한 귀한 도서를 출간하게 됨을 축하드립니다. 그 도서가 시드니다음교회의 가장 기본적인 가치를 담은 책들이라고 하니 더욱 큰 의미가 있습니다. 모든 교회가 그렇지만 이민 교회는 더욱 교회의 본질과 기초가 너무나 중요하기 때문입니다. 귀한 제자훈련 동역자 김도환 목사님을 통해 제가 누렸던 많은 배움과 도전이 이제 이 도서를 통해 더욱 많은 분들이 영적 유익을 누리는 기회가 되기를 바랍니다.

류병재 목사

(시드니실로암교회 담임/호주 칼넷 대표)

교회란 무엇인가? 교회의 본질은 무엇이고 그 본질을 살아 내는 교회의 모습은 어떤 것이어야 하는가? 라는 주제로 볼티모어빌립보교회에서 '머슴교회 세미나'를 매년 열었습니다. 그 세미나의 소식을 들으시고 멀리 호주 시드니에서부터 미 동부 메릴랜드까지 날아오신 김도환 목사님을 처음 만났을 때 느꼈던 감정은 "와! 이분은 참된 교회를 추구하는 광인이시구나!"라는 강렬한 인상이었습니다.

본 시리즈는 저자의 이런 광기가 번뜩이는 책입니다. 이 시대에 참된 교회란 있는 것인가? 있다면 그 모습은 어떤 모습인가를 추구하는 모든 동학들에게 기꺼이 권하고픈 멋진 책입니다. 시드니다음교회 10주년을 있게 하신 예수님의 보혈의 은혜가 앞으로의 또 다른 10년도 충만함으로 채우실 것을 믿습니다.

송영선 목사

(볼티모어빌립보교회 원로)

디아스포라 이민 사회는 광야입니다. 척박하고 닦여진 길이 없을 뿐 아니라 고난, 고독, 고갈이 이어지는 곳입니다. 그런 광야의 한가운데 하나님께서 오아시스와 같은 시드니다음교회를 세우시고 지금까지 담을 넘는 무성한 가지로 성장하게 하셨습니다. 김도환 목사와 시드니다음교회가 걸어온 지난 광야행진의 여정 가운데 주신 귀한 역사들을 담은 책을 출간하게 된 것을 축하드립니다.

지난 10년 시드니다음교회를 통해서 놀라운 일들을 행하신 하나님께서 넥스트 디케이드에는 이전에 경험하지 못했던 더 크고 놀라운 새 일을 이루실 것입니다. 목사님과 교회에 주신 하나님의 비전이 성취되는 기적의 역사가 계속 일어나는 시드니다음교회가 되시기 축복합니다.

오성광 목사

(시드니갈렙교회 담임)

성도들을 대할 때는 일체의 권위주의 없이 친근함으로, 강대상에서 설교를 하실 때는 말씀의 절대 권위를 갖고 진지함으로 전하는 김도환 목사님의 겸손하고 솔직한 성품을 글을 통해 다시 만나게 됩니다. 오랜 시간이 지난 후에도 그때의 한 장면, 장면들을 특유의 감수성 넘치는 시각으로 바라보는 김 목사님의 세심함이 성도의 가정을 돌아보실 때 따스함으로 전해지며 건강한 가정을 세우는 데 큰 위로가 되리라 믿습니다.

시드니다음교회를 개척하면서 예수님께서 주인이 되신 교회를 세우기 위한 김도환 목사님의 거룩한 영적 몸부림이 그의 목회철학에 잘 나타나 있습니다. 예배, 가족, 제자, 일상, 선교라고 하는 5가지 핵심가치는 성경적 교회론의 모범이 됩니다. 새로운 비전을 가지고, 주님이 원하시는 그 교회를 개척하려고 하는 진취적이며 창의적인 젊은 사역자들에게 큰 울림과 도전이 되는 책이 될 줄 믿습니다.

조은태 선교사

(국제OM선교회 한국대표)

하늘 가는 순례길에서 만난 진실한 동역자 김도환 목사님과 시드니다음교회의 10주년을 축하드립니다. 복음을 삶으로 보여 주기 위해서 분투하는 목사님과 시드니다음교회는 시드니에 있는 교회들에 좋은 모델이 되어 주었습니다. 낯선 땅 호주에서 이민목회자로 풀어낸 하나님의 은혜, 목회와 그리스도인의 행복한 가정 이야기, 그리고 현장에서 교회를 찾아온 새가족들에게 복음과 교회를 향한 하나님의 꿈을 명쾌하게 제시하는 이야기들은 한자리에 앉아서 시간 가는 줄 모르고 끝까지 읽었습니다. 이 책을 통해 시드니다음교회가 다시 첫 마음을 품고 복음 진리를 찾아 나서는 분들에게 하늘 소망을 전하길 바랍니다.

진기현 목사

(시드니주안교회 담임)

축하드립니다! 이 책은 바른 교회에 대한 열망과 성경에서 말하는 공동체를 세우기 위한 고민의 흔적들이 이곳저곳에서 드러나고 있습니다. 그리고 주께서 피로 값 주고 사신 공동체인 다음 가족들을 생명같이 사랑하는 김도환 목사님의 심정이 흘러 넘칩니다.

또 부활의 주님을 만난 다음교회 가족들이 포스트코로나 시기임에도 불구하고 안주하지 않고 뉴노멀 시대에 하나님 나라의 비전을 가지고 함께 도약하며 비상하는 시드니다음교회 성도들의 생명력 있는 모습들이 드러나고 있습니다. 이러한 훌륭한 책이 10주년을 맞이한 다음공동체에서 출간하게 된 것을 진심으로 축하드립니다.

최상태 목사

(흩어진화평교회 담임)

목 차

이야기를 시작하며

시드니다음교회를 개척하기로 마음을 결정했던 과정은 간단하지 않았습니다. 원래 선교사로 부름을 받았지만, 시드니로 가게 된 이유는 한 가지였습니다. '새순교회 정도라면 나를 아프리카에 선교사로 파송해 주실 수 있겠다.' 고등학교 3학년 때 선교사로 부르심을 받고, 20대를 선교단체들 안에서 훈련을 받고 여러 선교사님들을 통해서 선교에 대한 영향을 받으며 성장했습니다.

26세가 되고 처음으로 외국을 나갔습니다. 과테말라에 가서 이민교회라는 생소한 곳을 직접 보게 되고, 타문화권, 타언어, 타인종 사회에 있는 빈민가에 교회를 개척하면서 자연적인 교회 개척 과정을 체험하는 시간을 가졌습니다. 그곳에서의 사역은 잊을 수 없는 기회였고 감사와 행복의 시간이었지만, 부르심의 장소인 아프리카로 가야 한다는 마음의 부담 때문에 다시 준비하고 파송을 받기 위해 한국으로 들어갔습니다.

30세가 되면 아프리카에 가 있을 것이라고 하는 인생 시간표를 짜 놓았지만, 현실은 쉽지 않았습니다. 파송해 줄 교회를 찾기가 어려웠습니다. 다른 지역이나 나라에서 진행되는 프로젝트에 참여하면 그곳으로는 파송해 주겠다고 제안하는 교회들은 만났습니다. 필리핀의 민나나오, 캄보디아의 메콩강 등 모두 귀한 사역지이지만, 그곳들은 부르심의 장소가 아니었습니다. 모두 거절할 수밖에 없었습니다.

30세가 되어 부임한 곳은 아프리카가 아니라 시드니의 새순교회였습니다. 청년공동체를 맡아서 섬겼고, 2세 사역을 총괄하면서 시드니라는 도시에 있는 이민사회와 이민교회에 눈을 떠 가는 시간이었습니다. 양육과 훈련 중심의 사역을 체득해가고, 선교에 헌신된 젊은이 공동체가 가능하다는 것을 배워 갔습니다.

두 문화 사이에서 빚어진 이민자들의 독특함과 융합적인 면모들을 깨닫고 놀라는 시간이기도 했습니다. 시드니 도심 한복판에 유학생들과 워킹홀리데이를 온 청년들을 위한 새로운 공동체를 개척하고 사역의 제한이 없이 도전하는 시간을 보냈습니다. 시드니에서의 사역은 인생에 다시 없을 가능성과 기쁨이었습니다.

그러나 시간이 지날수록 아프리카로 가야 한다는 마음의 부담은 커져 갔고, 주님의 부르심이 더 크게 울리며 내 마음속에 굉음을 만들어 냈습니다. 그러던 때에, 주님께서는 마게도냐인의 환상을 통해서 바울의 길을 바꾸셨던 것처럼, 이 도시에 있는 이민자들을 섬기라는, 더 구체적으로는 그들을 위해서 교회를 개척하라는 마음을 주셨습니다. 이 마음을 깨닫고, 정말 주님께서 주신 마음인지를 분별하고, 순종하기까지는 3, 4년의 시간이 필요했습니다.

처음에 그 마음을 주셨을 때는, 스스로 거절했습니다. 내 인생 계획에 전혀 없던 이 나라에 와서 머물며 섬기고 있는 이유는 부르신 곳으로 가기 위한 교두보를 확보하기 위한 것이었지, 이곳이 그 땅이라는 생각은 전혀 하지 않았습니다. 그러나, 하나님께서는 말씀과 여러 상황들, 그리고 사람들을 통해서 그것이 주님의 '나'와 '나의 가정'을 향한 계획인 것을 더 확고하게 밝혀 주셨습니다.

그리고 2009년, 미국에 머물던 때에 하나님의 부르심에 쐐기를 박는 강의를 듣게 하셨습니다. 풀러선교대학원에서 '선교의 성경적 기초'에 대해서 강의하시는 찰스 벤 엥겐 교수께서 자신의 은사인 고든 목사님에 대해서 이야기를 하셨습니다. 그분은 평생을 목회자로 사시면서 서너 교회를 목회하시는 동안 가는 교회마다 부흥이 일어나고, 세례받는 사람들이 늘어나고, 선교사들을 파송하고, 재정을 세상에 흘려보내는 놀라운 목회적인 열매를 거두신 분이셨다고 합니다.

은퇴하신 지 얼마 안 되었을 때 자기 부부를 초청해서 말씀하셨다고 합니다. "찰스, 나는 주님의 부르심에 순종하지 못했네." 그 말을 하시면서 울고 계시는 목사님께 제자 부부는 "무슨 말씀이십니까? 지금까지 섬기셨던 것과 그 열매들을 우리 모두가 알고 있습니다." 그때 고든 목사님께서 "아니야, 나는 주님께서 선교사로 부르셨는데 순종하지 못했어."라고 대답을 하셨다고 합니다.

이 이야기는 저에게는 주님의 음성이었습니다. 그분의 고백을 들으면서 나는 두 가지를 깨달았습니다. 첫째는 하나님께서 우리의 길을 바꾸실 수 있다는 것입니다. 한 번도 다른 생각을 하지 않고 달려온 길이었지만 종의 사명은 주인의 뜻에 순종하는 것이었습니다. 둘째는 우리의 마음에 완전히 납득되거나 이해되지 않아도, 심지어는 내 마음에 불편함을 갖고도 하나님의 길은 순종해야 한다는 것이었습니다. 이 이야기를 듣고, 참 많이 울었습니다. 그리고, 주님께서 주신 새로운 부르심에 순종하기로 결정했습니다.

그러나, 마지막까지 나의 마음을 달아 보시는 주님의 연단이 있었습니다. '이렇게 교회가 많은데 거기에 교회를 하나 더 세워야 하는가?'라는 목회윤리적인 고민은 쉽게 사그라들지 않았습니다. 당시 기준으로 교민 8만 명에 교회가 300개라는 공공연한 현실 속에 또 하나의 교회를 개척해야 하는 건지. 나의 좋은 의도가 교민사회에 혹여 공해를 만드는 것은 아닐지…. 몇 번을 묻고 묻고 또 물으면서 기도했습니다.

그러는 중에 몇 가지 제 생각을 바꾸는 계기가 주어졌습니다. 그중에 하나가 교회의 숫자와 실제 교회를 출석하는 성도들의 숫자 사이의 간격이 크다는 것을 알게 된 것입니다. 알고 있는 허수와 실제를 반영하는 실수는 큰 차이가 있었습니다. 어느 날 교회에 다니는 분들의 숫자가 얼마나 되는지를 대략적으로라도 알기 위해서 전자계산기를 들고 교회 리스트가 적힌 잡지를 잡고 앉았습니다. 그리고, 한 교회씩 출석 성도를 내가 아는 숫자로 더하면서 넣어 보았습니다. 그런데 실제로 매주 예배에 출석하는 성도의 숫자는 2만 명이 채 되지 않는 것처럼 나왔습니다. 정확한 숫자는 아니지만, 아무리 많이 잡아도 시드니 이민사회는 교회 중심으로 모인다고 말하기 어려운 숫자였습니다. 교회를 다니지 않는 분들의 숫자가 훨씬 더 많았습니다.

아직 75%가 남아 있었습니다. 6만 명의 교민들을 위해서는 교회가 더 세워져야 했습니다. 그리고, 그중에서도 건강한 교회 공동체를 이루고, 균형 잡힌 자아상과 가정과 사회적인 영역에서의 조화를 이루며 성경적인 세계관 위에 서 있는 그리스인들의 숫자는 더 적다는 것을 알게 되었습니다. 생각하는 것과 현실은 굉장한 괴리가 있었습니다. 그래서, 여기에 건강한 교회가 더 필요하다는 확신이 들게 되었습니다.

그리고, 또 하나의 사건은 미국에서 목회하시는 김기섭 목사(LA사랑의교회 담임)께서 주신 조언이었습니다. 이 문제로 미국 유학 시절에 잠시 동역했던 목사님께 연락을 드려서 물었습니다. "미국 캘리포니아가 넓은데 왜 하필이면 코리아타운에 교회를 개척하셨습니까? 교회 숫자가 많은 지역인데, 그곳에 하나의 교회를 더할 필요가 있으셨습니까?" 제 안에 있던 목회윤리적인 갈등을 그대로 질문으로 드렸습니다. 그때 다짜고짜 들이대며 묻는 후배의 질문에 목사님께서는 잔잔한 웃음과 함께 "왜 그런 것 같냐?"고 되물으시면서 "교회 숫자가 많은 것이 중요한 것이 아니라, 영적인 생명과 운동력을 가지고 있는 교회가 몇 개인가가 중요합니다."라고 말씀하셨는데, 그것이 최종적인 하나님의 음성이 되었습니다.

그 후로 목회적으로는 나의 친가와 같았던 시드니새순교회를 사임하고 교회를 개척하는 여정에 뛰어들었습니다. 20대 중반에 과테말라의 비아누에바(Villa Nueva)에 있는 빈민가에 교회 개척을 처음 경험한 이후에, 새순교회에서 도심지에 청년공동체를 개척하고, 제 젊음을 드릴 시드니다음교회를 개척하게 되었습니다.

교회를 개척하면서 교회 이름은 미리 정해 두었습니다. 예쁘거나 익숙한 것보다는 개척할 교회가 존재해야 할 목적과 의미를 담기 위해서 고심한 끝에 '시드니'에 있는 '다음교회'라는 의미로 '시드니다음교회'로 정했습니다.

다음이라는 이름은 '교회가 여기에서 어디로 가야 하는가?'라는 질문이 담겨 있습니다. 교회의 다음 단계는 무엇인가? 교회가 나아가야 할 다음은 어떤 방향인가? 이런 질문을 던지면서 시대적인 변화, 세대의 변화, 문화의 변화, 한국사회의 변화, 이민사회의 변화 속에서 '교회는 어떤 모습으로 존재해야 하는가?'를 물었습니다.

그리고, 그 질문의 답은 지금까지 없었던 새로운 교회가 아니라, 예수님의 교회여야 한다는 결론에 이르게 되었습니다. 시드니다음교회의 개척은 21세기에 시드니에 살아가는 이민교회로서 주님의 교회를 회복하고 이루어 가야 한다는 사명이었습니다.

시드니다음교회의 '다음(Next)'은 이 시대 시드니에 존재하는 '주님의 교회'를 함의하는 단어입니다. 교회가 가야 할 다음 단계는 바로 주님의 교회를 회복하는 자리이기 때문입니다. 그런 교회를 세우기 위해서 고심을 했고, 다음공동체에 오시는 분들께 복음과 교회를 어떻게 소개할지 묻고 배워 가면서 이 새가족반 과정을 준비했습니다.

이 강의 내용은 계속해서 주님의 교회로 존재하고, 내일로 나아가기 위한 질문과 기도, 그리고 그것에 대한 응전의 결과물입니다. 이 책을 읽으시는 분마다 우리 시대의 교회에 대해서 고민하고, 예수님의 교회를 세우는 것이 어떤 작업이고 과정이어야 하는지에 같이 질문을 던지고 계시리라고 믿습니다. 이 책을 읽는 동안 함께 머리를 맞대는 시간이 될 수 있기를 바랍니다.

교회를 처음 오신 분들이시라면, 시드니다음교회를 더 잘 이해하실 뿐 아니라 주님의 교회가 무엇인지를 처음부터 배워 가시면서 교회에 대한 성경적인 그림을 그리는 도구가 될 수 있기를 바랍니다. 오랜 시간을 교회를 떠났다가 다시 나오신 분이 계시다면, 다시 교회를 꿈꾸고 교회를 향한 열정을 불태우는 책이 되길 바랍니다. 우리가 이루고 있는 이 교회를 통해서 그분의 교회에 속해 있다는 감사와 주님의 몸 된 교회를 세우는 기쁨을 경험할 수 있기를 바랍니다.

특별히 원근 각처에서 시드니다음교회를 위해서 기도해 주시고, 이 책을 출판하는 때에 마음을 담아서 시드니다음교회를 위한 축하와 격려의 글을 써 주신 존경하는 목사님들과 선교사님들, 그리고 사랑하는 장로님께 감사를 드립니다. 언제나 보여 주신 귀한 사랑과 헌신, 그리고 교회를 향한 열정과 겸손을 배웁니다. 그 본을 따라서 주님의 영광스러움 앞에 부끄럽지 않도록 충성스럽게 부르심의 자리를 감당하는 시드니다음교회가 되도록 하겠습니다.

그리고, 항상 사랑과 격려로 함께해 주시는 다음가족들께도 마음의 사랑을 드립니다. 여러분과 함께하는 복된 여정이 없었다면 이 책은 결코 나올 수 없었을 것입니다. 제8기 남자제자반과 제3기 사역자반 여러분들의 도움에도 감사를 드리고, 책의 내용을 읽고 여러 차례에 걸쳐 귀한 조언을 해 주신 이순범 목사님과 많은 배려와 진심 어린 도움을 주시기 위해서 애써주신 좋은땅 출판사의 교정팀과 편집디자인

팀 여러분께도 깊은 감사를 드립니다.

무엇보다 시드니다음교회를 개척하고 섬길 수 있는 축복을 주신 주님께 다할 수 없는 깊은 감사를 드립니다. 주님께서 시작하시고 주님께서 인도하시는 주님의 교회가 주께만 영광 올려 드리길 원합니다.

한 가지 이해를 구할 것은 10주년을 기념해서 3권의 책을 동시에 출판하려고 했는데, 여러 가지 이유로 한 권씩 출판하게 된 것입니다. (앞에 실려 있는 축하의 글들도 세 권 모두를 위해 써 주신 것입니다.) 전체가 출판되는 것이 조금 늦어지게 되었지만, 시드니다음교회의 첫 마음, 첫 비전, 첫 시간을 다시 기억하기 위한 이 작업이 더 풍성하고 깊어진 결과로 돌아올 것이라고 믿습니다. 오래 걸리지 않을 것입니다. 곧 '가정 이야기'와 '핵심가치 이야기'로도 찾아뵙도록 하겠습니다.

우리 주님의 위로부터 부어지는 사랑을 전하며,

김도환 목사 드립니다.

첫 번째 만남,

내가 원하는 건강한 교회는 어디에 있는가?

1. 건강한 교회는 어떤 교회입니까?

　새가족반의 첫 만남은 언제나 생소함과 어색함, 불편함과 약간의
호기심이 공존하는 시간입니다. 어떤 모임일까? 어떤 교회일까? 어떤
사람들일까? 무슨 이야기를 할까? 잘 온 것인가? 첫 시간은 이렇게 다
양한 표정과 마음들을 안고 계신 분들과 함께 합니다.

　시드니다음교회의 첫 시간은 소그룹 토론입니다. 강의를 하거나 가
르치지 않고 모두가 스스로의 이야기를 합니다. 서로가 생각하고 있
는 교회는 무엇인지에 대해서 듣기 위해서 첫 시간에 토론하는 주제
는 바로 이것입니다.

> 내가 생각하는 건강한 교회, 좋은 교회란
> 어떤 교회입니까?

이 질문을 조금 더 효과적으로 토론하기 위해서 다음과 같이 질문을 하기도 합니다. '건강한 교회에는 ○○이 있다!' 이 문장의 ○○에 들어갈 수 있는 적절한 단어가 무엇인지 각자의 생각을 정리한 후 나누어진 소그룹 안에서 이야기합니다. 그리고, 서로 나눈 의견을 한 분이 정리한 후에 가장 많이 나온 의견순으로 발표를 합니다.

오래 교회를 섬기신 분은 그분들대로, 아직 믿음 위에 굳게 서지 못하신 분들도 그분들대로, 심지어 교회를 처음 나오신 분들까지도 오랫동안 가지고 있던 교회에 대한 그림이 있습니다. 갑작스런 토론이기 때문에 자신의 의견을 정리해서 이야기하는 것이 쉽지 않을 수도 있지만, 결과적으로 본다면 각 그룹들에서 나오는 의견들은 참 놀랍기까지 합니다.

그 내용들이 '건강한 교회란 무엇인가?'에 대해서 정리한 책에 나올 법한 이야기들로 가득 차 있기 때문입니다. 그래서, 이 글 작업을 하고 있는 때까지 29회에 걸쳐서 진행된 새가족반에서 매번 첫 시간은 가장 놀라움을 맛보는 시간입니다.

2. 누구나 건강한 교회를 생각합니다

그동안 첫 시간을 진행하면서 느낀 몇 가지를 정리하면 다음과 같습니다.

먼저, 누구나 교회에 대해서 생각한다는 것입니다. 예외가 없습니다. 평생을 믿음 안에서 직분을 가지고 섬기시다가 오시는 분이시든지, 교회라는 곳을 생면부지의 입장에서 처음 방문하신 분이시든지 누구나 교회라는 공동체에 대해서 생각합니다. 교회에 대해서 무관심하고 아무런 생각이 없는 것처럼 보이거나, 불편한 생각을 가진 분들도 그 마음에는 '교회는 이래야 한다.'라는 생각과 바람이 있습니다.

둘째, 누구나 건강한 교회를 바란다는 것입니다. 교회 안에 이미 들어와 계신 분이시든지, 아니면 교회를 주변에서만 맴돌면서 바라보았던 분이든지 관계없이 교회에 대해서 가지고 계신 생각과 바램은 한결같습니다. 게다가 그것이 정리되어 있지 않고, 아직 삶으로 드러나지 않았을 뿐이지, 모든 사람들이 원하는 교회는 놀랍게도 성경이 말하는 교회와 맥이 닿아 있습니다.

셋째, 기준이 아주 높습니다. 새가족반에 오신 분들께서 생각하시는 좋은 교회, 건강한 교회는 아주 수준 높은 교회입니다. 그런 교회가 있으면 나도 꼭 다니고 싶은 교회입니다. 그분들이 말씀하시는 교회가 가능하기 위해서는 성령의 강력한 역사가 필요합니다. 모든 사람들이 예수님의 제자로 살아가는 공동체일 때 가능합니다. 지속적으로 하나님의 나라를 구하고, 하나님의 말씀이 우리의 삶의 염색체(DNA)가 되어 인격과 삶에 생명이 더해지게 될 때 가능한 것입니다.

그 교회는 모두가 바라고 꿈꾸는 교회입니다. 그런 교회가 현실 속에 있다면 사람들이 그 교회를 보면서 이것이 주님의 교회라고 할 것입니다. 우리가 추구하고 바라는 모든 교회의 모델이 될 수 있는 교회입니다.

첫 번째 만남을 진행하면서 매번 성경적인 교회가 우리 모두가 원하는 교회라는 사실을 깨닫게 됩니다. 동시에 그런 교회가 이 지상에 완전한 형태로는 존재하지 않는다는 당연한 사실 앞에서 겸손해지기도 합니다.

3. 건강한 교회는 여기에서도 가능합니다

우리가 원하는 교회는 하나님께서도 원하시는 교회입니다. 누구보다 그런 교회의 회복을 바라고 계십니다. 예수님께서 세우신 교회는 바로 그런 교회입니다. 성령 안에 있는 교회는 바로 그런 교회입니다.

그러나, 안타깝게도 '그런' 모습을 다 가지고 있는 교회는 만날 수 없습니다. 우리가 원하는 모든 조건을 갖추고 있는 교회는 찾기 어렵습니다.

왜냐하면, 우리가 원하는 교회는 많은 것으로 방해를 받기 때문입니다. 죄로 인해서 상한 심령, 깨어진 관계들, 우리의 악한 습관들과 죄에 친화적인 문화, 나의 옛 기억들과 경험들, 현실적인 상황의 어려움들까지 겹쳐서 우리가 원하는 교회는 순도 100%의 모습으로 존재하지 않습니다.

우리가 원하는 교회와 현실에 존재하는 교회 사이에 간격이 있습니다. 우리는 정말 주님께서 세우신 교회를 간절히 바라지만, 현실에서 만나는 교회는 우리를 실망시키는 모습들이 존재합니다. 그래서, 교회를 향한 마음과 현실의 갈등이 일어납니다.

필립 얀시가 쓴《나의 사랑, 나의 고민, 교회》라는 책에 보면, 그런 현실 때문에 교회를 나가지 못하는 한 사람의 이야기가 있습니다. 이 교회는 이게 문제고, 저 교회는 저게 문제고, 이곳은 이 사람 때문에 못 가겠고, 저곳은 저 사람 때문에 못 갑니다. 그러나, 필립 얀시는 그 교회들마다 있는 문제들은 우리가 교회를 못 갈 이유가 아니라, 바로 우리가 교회를 가야 할 이유라고 말해 줍니다.

그의 말에 따르면 비어 있는 부분과 부족한 사람들은 우리가 피해야 할 요소들이 아닙니다. 오히려 그 교회에 소속되고 함께하며 채우고 보완해야 하는 부분입니다. 나를 보고 우리 주변을 보아도 이것은 결코 특별한 이야기가 아닙니다. 모두가 부족함을 안고 있습니다. 모두가 같은 사람입니다.

완벽한 사람이 없는 것처럼 완벽한 교회가 없는 것은 실망하거나 좌절할 만한 일이 아닙니다. 그것은 지극히 자연스러운 것입니다. 교회는 모두가 모두를 채우고 보완하며 하나로 존재하는 '부족한 사람들이 모인 공동체'입니다.

그럼에도 불구하고 우리가 사람들에게만 시선이 고정되어 교회를 바라본다면 실망감은 피할 수 없을 것입니다.

더 근원적으로 말하면 교회는 '어떤 사람들이 모여 있는가?', '어디에 위치하고 있는가?' 혹은 '교회가 어떤 프로그램이나 특징을 가지고 있는가?'와 같은 질문들 이전에 그것들과는 전혀 비교할 수 없는 기초

위에 서 있습니다. 교회의 기초는 사람이 아니라, 하나님이십니다. 교회는 사람의 열심이나 수고로 세워진 것이 아니라, 하나님께서 하신 일로 세워진 것입니다. 교회는 하나님의 은혜로 세워진 공동체입니다.

처음부터 교회는 죄인들이 하나님의 은혜로 부름받은 곳입니다. 구약에서 믿음의 공동체를 이루는 첫 번째 조상으로 일컬어지는 아브라함의 부르심부터 그렇습니다.

그가 하나님 앞에서 인정받을 만한 어떤 것이 있어서 믿음의 조상으로 부름받은 것이 아니었습니다. 사람들 중에서 가장 완벽하기 때문에 하나님께 선택된 것이 아닙니다. 전혀 아닙니다. 그의 부르심은 하나님의 전적 은혜였고, 하나님을 신뢰하는 믿음을 통해서 하나님의 자녀가 된 것입니다.

아브라함처럼 믿음의 공동체인 교회로 부르심을 입은 사람들도 모두 죄인입니다. 죄인들이 은혜를 입어 하나님 나라의 지상공동체인 교회로 부름을 받은 것입니다. 교회의 기초는 사람들의 선행이나 의로움, 완벽이나 흠잡을 것이 없는 온전함이 아닙니다. 교회는 온전하게 하나님의 은혜의 기초 위에 세워지는 것입니다.

이것은 신약에서도 마찬가지입니다. 교회가 이 땅에 존재하게 되는 것은 예수 그리스도께서 이 땅에 오신 성육신과 이 땅에서 하나님의 아들께서 행하신 사역에 기초합니다. 예수님의 제자들 중에서도 첫 번째로 신앙고백을 했던 베드로부터 우리의 구원은 예수 그리스도를 믿음으로 시작되는 은혜의 역사입니다.

에베소서 2:8-9

너희는 그 은혜에 의하여 믿음으로 말미암아 구원을 받았으니 이것은 너희에게서 난 것이 아니요 하나님의 선물이라 행위에서 난 것이 아니니 이는 누구든지 자랑하지 못하게 함이라

우리가 구원받아 하나님의 자녀가 된 이유는 사람의 무엇에 있지 않습니다. 예수 그리스도를 믿는 믿음으로 된 것입니다. 자신의 옳음이나 인정으로 교회에 들어온 사람이 없습니다. 우리 모두가 그렇습니다. 우리의 행위가 아니라, 하나님께서 하신 일에 기초해서 은혜로, 값없이, 구원의 선물을 받은 것입니다.

이 은혜는 교회가 존재하기 위해서뿐 아니라, 교회가 유지됨에 있어서도 절대적인 필요입니다. 그리고 마지막까지 교회가 존재할 수 있으리라고 하는 확신은 하나님의 은혜 때문에 가질 수 있는 것입니다. 하나님의 은혜만이 교회의 처음과 마지막을 기대할 수 있는 유일한 보증입니다.

'우리가 원하는 교회는 어떤 교회인가?', '그런 교회가 어디에 있는가?' 하는 질문은 '교회를 이루고 있는 사람들이 누구인가?'의 관점이 아니라, '교회가 주인 되시고 다스리시는 삼위일체 하나님 안에 있는가?'의 관점으로 볼 때 답을 찾을 수 있습니다. 사람 때문이 아니라, 그 사람을 통해서 역사하시는 하나님을 통해서 주님의 교회는 세상에 드러납니다.

그 하나님께서 역사하시는 한 사람이 모여서 우리가 원하고 바라는 교회가 이루어집니다. 우리가 토론하며 나누었던 것처럼 '말씀에

순종하는 모습'이 여기에 나타납니다. '믿음의 교제'를 나누는 공동체를 볼 것입니다. '기도의 기적'이 일어나는 교회를 만날 것입니다. '사회에 선한 영향력'을 나누는 교회가 되고, '열방과 땅끝을 가슴에 품고 기쁨으로 헌신하는 교회'를 체험하게 될 것입니다.

내가 원하는 교회는, 내가 원하는 성도의 모습은 예수님 안에 있습니다. 성령으로 빚어져 새로운 피조물로 살아가는 사람들의 공동체, 세상을 소란케 하고 세상을 뒤집는 믿음의 역사들은 예수님 안에서 일어나는 것입니다. 우리가 찾아야 하는 것은 사람들이 아닙니다. 예수님입니다.

그 시작은 예수님을 만나는 것입니다. 예수님을 인격적으로 영접하는 것입니다. 예수님을 나의 구원자로, 나의 주인으로, 나의 결정권자로 모시는 것입니다.

요한복음 1:12-13

영접하는 자 곧 그 이름을 믿는 자들에게는 하나님의 자녀가 되는 권세를 주셨으니 이는 혈통으로나 육정으로나 사람의 뜻으로 나지 아니하고 오직 하나님께로부터 난 자들이니라

예수님을 영접하는 것은 주인을 주인으로 삼고, 왕을 왕으로 모시고, 하나님을 하나님으로 높이는 것입니다. 주를 영접하고 주의 다스림을 받는 한 사람으로부터 주님의 교회는 시작됩니다.

우리는 좋은 믿음의 사람들과 그런 사람들이 이루고 있는 좋은 교회를 구합니다. 무엇인가 다른 특별한 교회를 만나고 싶은 마음에서

우리 모두는 진심입니다. 그런 교회에 대한 갈망이 너무 크기 때문에 쉬이 사그러들기도 합니다. 그 마음이 크면 클수록, 강렬하면 강렬할수록 우리의 관심은 교회에서 주님께로 옮겨져야 합니다. 사람이 아니라 주님께서 그 일의 주체이시기 때문입니다. 그 일은 주께서 하시는 것입니다.

우리가 구해야 하는 것은 주님입니다. 찾고 바라는 것은 주의 다스림입니다. 주께서 주인 되실 때, 주께서 다스리실 때, 교회는 주님의 형상을 회복하고 주님의 역사를 드러낼 것입니다. 나로부터 그 일은 시작됩니다.

주님은 항상 한 사람부터 시작하십니다. 주의 다스림에 나를 드리는 그 한 사람을 통해서 주님께서는 이 도시에 주님의 기적을 시작하시는 분입니다. 그런 한 사람들이 모여 공동체를 이룰 때 사람들은 "'예수님께서 다스리시는 교회'가 여기에 있다."라고 말할 것입니다.

그래서 우리는 첫 시간에 항상 부탁을 드립니다. "시드니다음교회에서 다른 것을 구하지 않기를 바랍니다. 다른 것을 높이지 않기를 바랍니다. 예수님을 만나고, 예수님 안에서 살아가는 삶을 배우고 경험하길 바랍니다. 예수님께서 우리의 전부가 되시는 교회를 이루어 갈 수 있기를 소망합니다."

주님께서 주인 되시고 우리를 다스리실 때, 우리 교회가 우리가 원했던 바로 그 교회가 될 것입니다. 주님께서 우리에게 주시길 원하셨던 교회로 세워질 것입니다. 예수님 안에서 그 교회를 함께 이루어 갈 수 있기를 바랍니다.

교회의 열쇠는 예수님이십니다. 예수님께서 교회의 모든 것 되십니다. 예수님 안에서 그 일은 미래의 꿈이 아니라, 오늘의 현실로 나타납니다.

사람에게 실망하지 않아도 됩니다. 누구나 실망할 부분이 있습니다. 예수님께서 계시지 않으면 그 모습만 나타나게 됩니다. 실망했다고 낙심하지 않아도 괜찮습니다. 예수님께서 계시면 교회는 달라집니다.

에스골 골짜기의 죽은 뼈들이 군대가 되는 것처럼 예수님 안에 있는 교회, 주님께 의탁된 교회, 주의 능력에 붙들린 교회는 다릅니다. 주님 안에 거하는 교회가 되길 바랍니다.

이 여정에 함께하신 여러분을 다시 한번 주님의 이름으로 환영하고 축복합니다.

두 번째 만남,

예수님은 교회의 모든 것 되십니다

시드니다음교회 초창기에 장로님 두 분을 만날 수 있는 기회가 있었습니다. 한 분은 아버지학교를 오랫동안 섬겨 오셨던 김성묵 장로이시고, 또 한 분은 당시 한동대학교 부속병원인 선린병원의 원장이셨던 이건오 장로셨습니다.

두 분과 개인적인 시간을 가지면서 같은 질문을 드렸습니다. "평생을 장로로서 주님의 교회와 하나님의 나라를 위해서 사셨는데, 교회에 무엇이 가장 중요한지 딱 한 가지만 조언을 부탁드린다면, 무슨 조언을 해 주시겠습니까?"

앞으로 다음교회가 가장 중요하게 생각하고 붙들어야 할 것은 무엇인지 조언을 듣기 위해서 전혀 다른 장소에서 다른 시점에 드린 질문에 두 분의 답변이 똑같았습니다.

"성도들은 교회에서 예수님 말씀을 듣고 싶어 합니다. 생명의 말씀을 들으러 교회에 옵니다. 교회에서 정치 이야기, 경제 이야기, 사회나 문화 비평이 아니라 예수님 이야기를 해 주십시오. 다른 것들은 성도들이 더 잘 알 수도 있습니다. 우리는 예수님에 대해서 듣고 싶고 예수님을 보고 싶습니다."

두 분의 조언은 예수님의 교회를 오늘 이곳에 회복하길 원하는 시드니다음교회 비전과 연결되어 잊지 못할 주님의 음성으로 제 마음속에 남았습니다. 교회는 예수님의 것입니다. 예수께서 세우셨고, 예수께서 머리이시고, 예수께서 주인이십니다. 예수께서 다스리시고, 예수께서 그 사이를 거니시며 통치하십니다. 교회의 사명은 그분의 뜻을 드러내고, 그분을 증언하는 것입니다.

교회는 각 영역에 예수의 뜻과 계획과 성품이 프리즘의 빛처럼 다양한 파장으로 드러나도록 퍼트리는 공동체입니다. 예수님의 하나님 나라 염색체를 가지고, 세상에 하나님 나라, 예수의 나라를 이루어 가는 공동체입니다. 예수님이 없다면 교회는 아무런 능력도 없습니다. 예수님이 없으면 교회는 없습니다.

그러나, 세상적으로 내세울 만한 것이 아무것도 없어도 예수님의 이름으로 모여 있다면, 그곳에는 하나님 나라의 역사가 이미 시작된 것입니다. 예수님께서 일하시기 때문입니다. 똑같은 사람들이고, 똑같은 환경이지만, 전혀 다른 결과가 나타납니다. 예수님 한 분만으로 교회는 전혀 다른 공동체가 됩니다. 그야말로 예수님은 교회의 모든 것 되시는 분입니다.

이것을 결정적으로 보여 주는 본문이 요한복음에 있습니다. 예수님께서 십자가에 못 박히시고 나서 두려움과 슬픔 속에 있는 제자들을 기록한 본문입니다. 이 본문은 예수님께서 계신 것과 계시지 않은 것이 어떤 차이가 있는지, 교회에 예수님은 어떤 의미가 있는지를 잘 보여 주고 있습니다.

요한복음 20:19a

이 날 곧 안식 후 첫날 저녁 때에 제자들이 유대인들을 두려워하여 모인 곳의 문들을 닫았더니

19절 말씀을 보면 예수께서 계시지 않을 때 제자들에게 사라진 것들이 3가지가 있습니다. 정체성, 공동체, 삶의 목적입니다.

1. 정체성

먼저, 정체성입니다. 모여 있던 예수님의 제자들은 자신들의 정체성을 잃었습니다. 자신들이 누구인지를 잊었습니다. 더 솔직한 표현으로는 자신들의 정체성을 부인합니다. 그동안 자신들과 주변 사람들이 불렀던 이름과 자리를 거절합니다. 그렇게 살았던 시간을 원망합니다. 지금의 나를 만든 인생의 중요한 시간들을 받아들이지 못하고 지워 버립니다. "나는 누구인가?"라는 질문에 정적만 흐르고, 자신이 없어졌습니다. 예수님이 십자가에서 죽으신 직후 예수님의 제자들은 로마인도 아니고, 유대인도 아니고, 사람들에게 눈총을 받는 소수의 아웃사이더에 불과했습니다.

나의 나 되었던 시간을 부인해야 하는 자리에 선다는 것은 얼마나 커다란 정체성의 혼란이고 암흑이겠습니까? 그런 상태가 지속될 때 제정신으로 살 수 있는 사람은 얼마 없을 것입니다.

본문에 자신들을 스스로 어떻게 생각하는지, 자신들의 정체성에 대

해 드러낸 단어가 나옵니다. '두려움'입니다. 예수와 단절된 제자들을 덮고 있는 것은 두려움입니다. 예수 그리스도의 이름의 능력을 잊고, 성령님과의 친밀감이 사라질 때 교회는 힘이 다 빠져 버립니다. 그곳에는 무엇인가 심각한 결핍이 발생합니다. 그 결핍의 중심부에는 정체성의 결핍이 있습니다. 내가 누구인지를 모른다는 것은 인생을 상실한 채 살아가는 것이라고 해도 과언이 아닙니다. 예수님을 떠난 제자들이 그렇습니다.

이런 모습은 이민자로서도 나타날 수 있는 현상입니다. 이민의 땅에 소수민족으로 살아가는 것은 정체성과 정서의 측면에서 위기입니다. 2021년은 한국의 위상이 많이 높아진 때입니다. 전 세계의 모든 민족 출신의 사람들이 한국을 대하는 태도들이 달라졌습니다.

호주에서 태어나서 자라고 있는 필자의 아들들도 그 영향을 고스란히 받고 있습니다. 어릴 때는 미국과 영국의 밴드음악을 좋아하고 자신들이 나고 자란 호주가 속해 있는 서양의 문화를 더 우월하다고 생각했습니다. 그런데, 어느 순간부터 한국의 문화와 영상, 역사와 언어에 더 적극적인 관심을 갖게 되었습니다. 그 계기는 놀랍게도 한국과는 아무런 관계가 없이 태어나서 자란 학교 친구들이었습니다.

정작 본인들은 별로 신경 쓰지 않던 한국어로 된 노래와 드라마를 다른 인종과 나라 출신의 친구들이 가지고 와서 뜻을 물어보고, 같이 보자고 제안하기도 합니다. 이제 이곳에서 자라고 있는 자녀 세대들은 한국을 다른 시각으로 봅니다. 지금은 한국에 많은 관심과 자긍심을 가지고 있습니다.

그러나, 필자가 처음 호주에 왔던 때만 해도 이런 분위기는 상상도 할 수 없었습니다. 자녀들에게 영어를 가르치기 위해서 한글로 된 책을 못 읽게 한다든지, 집에서 한국어로는 대화를 못 하게 하는 가정들이 적잖이 있었습니다.

이민자로 살아가면서 한국인이라는 정체성을 거절해야 한다고 믿었던 시간들이 있었습니다. 된장찌개, 김치찌개를 좋아하고 한국어를 너무 잘 알아듣고 구사할 뿐 아니라, 눈매, 머리카락 색깔, 얼굴의 형태와 옷차림까지 누가 보아도 한국 사람의 생물학적이고 문화적인 유전자를 가지고 있는데 그것을 부인합니다.

이것과 반대의 흐름도 있습니다. 호주의 문화나 사회를 우습게 보고 애써서 무시하는 것입니다. 그들의 사회 안에 들어가지 않고, 자신들이 편한 문화 안에서만 살아갑니다. 호주라는 사회에서 한국의 정서와 문화를 가지고 살아가는 것은 피할 수 없는 일입니다. 우리의 정체성과 연결된 것이기 때문에 그것은 자연스러운 일입니다.

그러나 그 안에만 머물려고, 호주에 자신의 섬을 만들고 살아가는 것은 다른 차원의 이야기입니다. 그 섬에 외부로 통하는 다리를 만들지 않고 나의 세계 안에 갇혀 있는 것입니다.

이런 두 가지의 흐름들은 모두 다 건강하다고 할 수 없습니다. 두 가지의 태도 안에는 나름의 전제가 있습니다.

전자의 이유는 열등감을 숨기고 있는 성급함일 것입니다. 적응과 동화는 시간이 필요한 과정입니다.

풀러신학교에서 공부하는 동안에 황의정 박사께서 랄프 윈터 박사께서 쓰신 문화적응에 대한 아티클의 내용을 언급한 적이 있었습니다. 정확한 제목은 기억이 나지 않는데, 내용은 '유럽인이 미국에 가서 완전히 동화되는 데 걸리는 시간이 얼마나 될까?'에 대한 것이었습니다. 우리가 볼 때에는 가자마자 바로 동화되어서 '미국사람'처럼 지낼 것 같은데, 놀랍게도 4대가 걸린다고 합니다. 한 세대를 25년 정도로 생각하면 약 100년 정도가 걸린다는 것입니다. 사촌 정도라고 생각했는데도 적응과 동화에는 생각보다 긴 시간이 필요한 것을 보고 놀란 적이 있습니다.

그런데 어떻게 전혀 다르게 생긴 사람이 한두 세대 안에 자신들 안에 새겨져 있는 유전학적이고 문화적인 코드를 다 지워 버리고 그들과 똑같아질 수 있겠습니까? 조금 더 긴 안목과 자신을 받아들이는 여유와 편안함이 필요합니다. 자신을 그대로 받아들이지 못하는 것은 결국 더 큰 것을 잃게 되는 것입니다.

후자의 이유는 우월감으로 포장된 두려움일 것입니다. 두려움을 우월감으로 숨기고 있지만, 실제로는 현실에서 만나야 하는 갈등과 마찰을 회피하는 것에 불과합니다.

본문의 상황 속에 있던 제자들은 자신들과 자신들이 보냈던 시간을 받아들이지 못할 때 어떤 결과가 오는지를 잘 보여 주고 있습니다. 자신의 모습에 대해서 불안하고 자신이 없고, 숨기며, 두려워합니다. 세상으로 나가지도 못하고, 나갈 수도 없고, 나가고 싶지도 않습니다.

이런 정체성의 위기는 그리스도인으로서도 동일하게 마주할 수 있는 것입니다. 그리스도인으로서 자신의 정체성이 정확하지 않고, 그것을 자랑스럽게 여기지 못하면 그것을 숨깁니다. 사회와 동떨어진 채 교회 울타리 안에 숨어서 지내든지 아니면 자신이 그리스도인임을 숨기고 세상에 동화되어서 살아갑니다.

특히 한국인 이민자이며 그리스도인으로 살아갈 때 이것은 이중으로 놓여 있는 장애물처럼 불편하게 작용할 수 있습니다. 그러나, 모든 상황과 문화들 속에서 자유를 누리는 한국인 이민자, 그리스도인으로 살 수도 있습니다. 그 중심에는 영적인 정체성의 건강한 회복이 놓여 있습니다.

2. 공동체

둘째로 이들에게는 공동체가 없습니다. 공동체가 사라진 이들의 아이러니는 '지금 함께 모여 있다.'는 것입니다. 같은 두려움을 가지고 있고, 같은 경험을 가지고 있고, 같은 감정을 느끼고 있습니다. 오랫동안 서로 알아 온 관계입니다. 그러나, 서로가 정말 필요할 때 서로에게 전혀 힘이 되어 주지 못하고 있습니다. 함께 있지만, 남남입니다.

군중 속의 고독을 느끼고 있습니다. 모두가 외롭습니다. 친구가 필요합니다. 내 마음을 알아주고, 위로해 주길 원합니다. 함께할 사람이 필요하지만, 필요를 감추고 마음의 벽을 높이 세웁니다. 몸은 함께 있지만, 마음은 함께 있지 않습니다. 같은 공간 안에 있지만, 단절되어 나눠진 채로 있습니다. 거짓 하나 됨, 하나 되지 않은 공동체의 모습은 오늘날 어렵지 않게 찾아볼 수 있는 서구 사회와 서구화되어 가는 세계의 모습 중 일부입니다.

여기에는 교회도 포함됩니다. 함께 있지만, 서로의 진짜 모습은 잘 모릅니다. 진짜 모습을 보여 주려고 하지 않습니다. 만들어진 모습들로 자신의 진짜를 감싸고 살아갑니다. 몸은 함께 있지만 마음은 함께 있지 않습니다. 마음이 얼굴로 드러나지 않습니다. 내 마음을 보여 주는 것은 '약자의 미덕'이라는 문화적인 압력에 오랫동안 길들여졌습니다.

제자들의 모습은 이들의 진짜 마음의 모습은 아닙니다. 만들어진 얼굴로 앉아 있습니다. 누가 보아도 그 사람의 마음이 어떨지 다 보입니다. 얼굴 근육의 경직성과 내쉬는 한숨들 사이로 다 읽힙니다. 누구에게나 '지금 나 힘들다.'라고, '괴롭다.'라고 말하고 싶지만, 그렇게 구체적으로 드러내고 표현하지 못합니다. 누구도 그것을 받아 줄 준비가 되어 있지 않은 것을 모두가 알고 있습니다.

진짜 모습이 가려지고 숨겨져 있는 공동체. 진정한 공동체를 경험하지 못하는 사람들은 이렇게 유사공동체, 허위공동체를 만듭니다. 같이 있지만, 진짜는 나누지 못하는 가식공동체, 거짓공동체로 진실한 공동체를 대신합니다.

우리 시대의 가정과 교회, 직장과 사회 속에서 공동체에 실망하는 이유는 바로 여기에 있지 않나 싶습니다. 진실한 공동체를 만날 수 있는 곳이 많지 않습니다. 진실한 공동체를 경험하지 못하다 보니 허위공동체, 외식공동체 안에서 살아갑니다. 시간이 지나다 보면 원래 사람들이 모여서 사는 공동체는 그런 곳이라고 믿게 됩니다. 유사품이 진짜인지 알고 지내는 것입니다. 그것이 경험의 전부이기 때문에 당연한 귀결일 수도 있습니다. 그러다 보니 가정도 원하지 않고 교회도 가고 싶지 않은 곳이 됩니다.

가정이나 교회는 이 세상에는 없는 '메이드 인 헤븐', 즉 하늘공동체의 지상 버전입니다. 주님의 공동체는 이 세상에 있는 수많은 세상의 유사공동체, 거짓공동체들 사이에서 공동체의 원형을 회복한 곳입니다. 그것이 예수님의 사역의 중요한 하나의 축이었습니다.

공동체는 하나님의 계획입니다. 하나님께서 교회와 가정을 우리에게 주신 이유는 공동체를 경험하길 원하시기 때문입니다. 공동체는 하나님께서 우리에게 주시길 원하시는 가장 완전한 계획입니다.

공동체를 한국적인 개념으로 가장 잘 설명할 수 있는 것은 가족입니다.

에베소서 2:19

그러므로 이제부터 너희는 외인도 아니요 나그네도 아니요 오직 성도들과 동일한 시민이요 하나님의 권속이라

여기서 말하는 권속은 가족이라는 단어입니다. 집에서 같이 밥을 먹고, 삶을 공유하는 가족을 말합니다. 하나님께서 우리에게 주신 교회는 처음부터 가족공동체였습니다. 하나님 나라에 속한 하나님 아버지의 가족이었습니다.

예수께서는 제자들에게 3년이라는 시간 동안 가족으로서의 교회를 경험하게 하셨습니다. 성경에서 보여 주는 1세기의 교회는 관계를 중

심으로 한 가족공동체였습니다. 그들은 집에서 모였고, 함께 식사를 하고, 삶을 중심으로 나누고, 말씀 안에서 살아가기 위해서 대화하고, 서로를 위해서 기도하는 삶 중심의 공동체를 이루었습니다. 관계 중심으로 이루어진 거대한 하나님 나라 네트워크의 한 부분으로 로마 제국의 곳곳에 흩어져 살았습니다.

이것이 교회의 본질입니다. 관계 중심적인 공동체 자체가 주님의 교회에 대한 비전입니다. 모든 교회가 이루어 가야 할 모습입니다. 교회는 크기와 관계없이 생활 속에 이어진 관계 중심의 공동체로 자라 가도록 지어졌습니다.

특히 이민자들에게 가족으로서의 교회의 회복은 교회의 본질의 회복이라는 성경의 요청과 함께 삶의 자리에 절대적인 요청입니다.

실제 이민의 삶은 많은 기복에 직면합니다. 마치 롤러코스터를 타는 것 같습니다. 우리가 서 있는 자리에서 다른 무엇이 더해지지 않아도 이미 문화적이고 정서적이며 관계적인 박탈감과 상실감이 기초에 놓여 있습니다.

감사하게 한국인들은 특성상 공동체적인 장점들이 문화 속에 이미 내재되어 있습니다. 가족같은 정과 서로에 대한 관심은 이민사회에 꼭 필요한 하나님의 사랑의 한 부분입니다. 그러나, 이런 한국인의 특성이 부정적으로 작용할 때도 있습니다.

먼저, 안타깝게도 서로의 관계가 건강하게 세워져 있지 않은 채로 서로를 지나치게 믿고 가까이 갔다가 서로에 대한 실망과 관계가 깨어지는 후회를 반복하는 것입니다. 서로가 하나님의 존귀한 형상을 지닌 존재들이지만 죄로 말미암아 부패하고 상한 마음을 가지고 살아가는 죄인인 것을 간과합니다. 사람에 대한 환상에 사로잡혀 미숙하고 역기능적인 관계의 패턴들을 반복하면서 살아갑니다.

두 번째, '어설픈 개인주의'가 위력을 떨치기도 합니다. 서로 마음을 열고 받아 주지 못합니다. 서로에게 무정함과 무관심이 더 나은 삶의 방식인 것처럼 생각하고 자신이 만들어 둔 울타리에서 나오지 않습니다. 이전의 경험탓일 수도 있고, 사회적인 영향일 수도 있습니다. 모두에게 서로가 필요한데, 나의 필요를 모른 척하는 것처럼 서로의 필요를 지나쳐 버립니다.

이런 모습은 교회라는 공동체에서도 그대로 드러날 수 있습니다. 주일에는 '모두'가 잘 지냅니다. 웃고, 별일이 없는 것 같습니다. 다음 주에도 똑같은 모습으로 만납니다. 그다음 주에도 그렇습니다. 예배하면서 하나님 앞에서도, 공동체의 형제자매들 앞에서도 나의 아픈 마음과 깨진 관계와 상한 감정을 나눌 수 없습니다.

물론 건강한 공동체는 밝고 웃음이 많습니다. 부활의 생명의 능력을 가진 공동체가 어둡거나 공포스러울 수는 없습니다. 그러나, 항상 웃기만 할 수 있는 삶은 없습니다. 항상 웃기만 한다면 그것은 만들어진 것입니다. 피에로 증후군 속에서 피곤함의 찌꺼기를 농축해 가며 살아가는 것에 불과합니다.

항상 웃고 있지만, 수 많은 울어야 할 일들이, 울분을 토해야 할 일들이, 기도하며 하나님께 부르짖어야 할 일들이, 누구에겐가 안겨서 쏟아 내야 할 일들이 있습니다. 우리의 삶은 순간순간 그런 일들이 팝

업창처럼 열리는 곳입니다. 그것이 세상이고 인생입니다.

그럼, 건강한 공동체의 밝음과 그렇지 못한 공동체를 구별할 수 있는 기준이 있을까요? 있다면 그것은 무엇이겠습니까? 물론 여러 가지가 있겠지만, 그중에 한 가지 대표적인 특징이 있습니다.

건강하지 않은 가정, 건강하지 않은 교회공동체에 빠지지 않고 등장하는 한 단어가 있습니다. '금기!'입니다. 역기능적인 공동체에는 금기 사항이 많습니다. 하면 안 되는 말, 하면 안 되는 표정, 하면 안 되는 행동들이 정해져 있습니다. 그것을 때로는 아이들에게도 요구를 하고, 처음 교회를 나온 분들에게도 요구합니다. 하나님께서 지으신 가장 자연스러운 나의 모습을 숨기고, 다른 사람들이 볼 때 나의 모습을 만듭니다. 거짓 정체성을 가지고 살면 결과는 항상 같습니다. 거짓 관계, 거짓공동체입니다.

건강한 공동체에는 '금기' 대신에 '수용'이 있습니다. "괜찮아! 그럴 수도 있지.", "괜찮아! 너를 있는 그대로 받아 줄게!", "괜찮아! 그렇게 해도 내가 여기 있어 줄 거야.", "괜찮아! 하나님께서 인도하시니까!" 그 모습을 받아 줍니다. 그 감정을 받아 주고, 그 실수를 받아 줍니다. 서로가 서로를 향해서 비난과 판단이 없습니다. 서로 있는 모습으로 살아갈 수 있도록 격려합니다. 우리가 이렇게 수용할 수 있는 이유는 죄에 대한 허용이 아니라, 예수 그리스도 안에 있는 평안입니다.

각자를 조종하거나 그 사람에게 없는 모습을 만들라고 요구하지 않습니다. 아직 죄를 행하면서 그것이 죄인지조차 깨닫지 못하고 있어도 기다려 줍니다. 복음 안에서 예수 그리스도를 만나고 성령의 충만 안에 살아간다면 반드시 변화될 것을 알기 때문입니다.

그 모습을 숨기고 감추도록 압력을 행사하지 않고, 거기에서부터 돌이키고 인생의 방향을 바꿔서, 성장하고 성숙하도록 서로에게 기회를 줍니다. 하나님의 은혜에 공동체의 은혜가 더해져서, 건강한 공동체는 갈수록 편안하고 자유롭고 내면 깊은 곳에서부터 일어나는 변화를 경험하게 됩니다.

지금 예수님의 제자들은 건강하지 않은 공동체로 있습니다. 예수님과 함께 보냈던 시간과 기억들, 특히 예수의 십자가의 죽음에 대한 내용은 엄연한 사실이었지만, 절대로 말하면 안 되는 금기로 남아 있습니다. 서로 자신을 있는 그대로 공개하고 드러내려고 하지 않습니다.

삶에 문제가 '있는가?', '없는가?'는 중요한 문제가 아닙니다. 항상 있기 때문입니다. 진짜 문제는, 내 삶의 두려움과 아픔과 현실적인 필요들에 대해서 어느 곳에 가서도 나눌 수 없다는 것입니다. 나를 비난하거나 정죄하지 않고 받아 줄 수 있는 곳이 없습니다.

나의 모든 것을 판단하지 않고 격려해 주고 기도해 주는 가족과 같은 공동체는 누구나 갈망하는 것입니다. 누구나 그런 공동체를 찾습니다. 우리는 누구나 공동체가 필요합니다.

3. 삶의 목적

셋째로, 이들은 삶의 목적을 상실했습니다. 인생의 길과 방향을 잃었습니다. 어디로 가야 할지, 왜 가야 할지 모든 이유들이 사라졌습니다.

그들은 과거로부터 떠나고 싶습니다. 과거를 지우고 싶습니다. 그러나, 과거로부터 떠나지도 못하고 여전히 과거 속에 앉아 있습니다. 여전히 과거에 몰입해 있고, 과거에 붙들려 있습니다.

앞으로 나가지 못하고 힘겨웠던 옛 기억 속의 순간 속으로 계속 돌아갑니다. 지금을 살고 있는데, 어느 순간 과거 속으로 빨려 들어갑니다. 과거는 질기고 강하게 그들의 기억중추를 붙잡고 있습니다. 이들은 과거를 떠나지 못했을 뿐 아니라, 현재의 불안과 두려움에도 둘러싸여 있습니다.

과거 이천 년 전의 기록 속에 현대인들의 모습이 투영됩니다. 과거에 붙들려 있지 않으면 현실의 오늘의 문제에 둘러 쌓여서 살아갑니다. 가시 같은 현실들이 나를 포위하고 목을 조여 오는 것 같은 긴장 속에서 하루를 보냅니다. 그래서인지 많은 분들의 삶에 대한 기대는 오늘 아무런 문제가 일어나지 않는 것입니다.

그러나, 그런 날은 오지 않습니다. 그 바램은 오지 않을 날을 바라고 살아가는 것입니다. 문제에서 오는 스트레스를 피하기 위해 거짓 희망을 걸어 놓고 살아가는 것에 불과합니다.

이렇게 현실의 문제와 스트레스에 몰두한 삶을 살아갈 때 흔히 놓치고 살아가는 것이 있습니다. 미래라는 시제입니다. 나를 묶고 있는 과거라는 끈과 현재의 스트레스는 앞을 보지 못하게 합니다.

하나님께서는 우리에게 과거와 현재, 그리고 미래라는 세 가지의 시제를 주셨습니다. 이 중에서 우리가 계획하고 준비하고 기대할 수 있는 것은 미래입니다. 과거는 지나갔고, 현재는 지나가고 있으며, 미래만 내가 아직 뜯어 보지 않은 선물입니다.

나와 우리의 문제에만 골몰하고, 과거와 현재에 머물러있을 때, 우리는 미래를 사용하지 못합니다. 미래에도 오늘처럼 과거와 현재만 살아갈 뿐입니다. 하나님께서 주신 미래라는 선물을 한쪽 구석에 먼지와 함께 수북히 쌓아 놓고 살다가 결국은 쓰레기로 버리게 됩니다.

우리는 미래를 볼 줄 알아야 합니다. 내 인생의 가능성은 미래에 담겨 있습니다. 과거가 지나간 시간이 아니라 축복이 되게 하는 비결은 과거의 교훈으로 미래를 살아갈 양분으로 삼는 것입니다. 오늘을 잘 사는 길은 미래를 준비하며 살아가는 것입니다.

요한복음 20:19b

······ 모인 곳의 문들을 닫았더니 ······

제자들은 유대인들을 두려워해서 문을 닫았습니다. 세상을 향해서 나갈 수 있는 길이 차단되었습니다. 과거와 현재 주변을 맴돌며 그 자리에 앉아 있습니다. 열고 나오면 되는데 스스로 빗장을 걸고 자신을 가두었습니다. 내부에서 닫히면 외부에서 열지 못합니다. 이들은 과거와 현재의 벽을 넘지 못합니다.

내 인생의 바운더리는 내가 문을 열어 놓은 곳까지입니다. 하나님께서는 그들을 온 세상을 위해서 사용하기 원하시는데 그들은 자신들이 만들어 놓은 벽 안에서, 외부로 나갈 수 있는 문을 스스로 닫았습니다. 중요한 것은 지금 내 환경이 어떤가가 아닙니다. 지금 사람들이 나를 어떻게 보는가가 아닙니다. 지금 내가 만나고 있는 상황이 어떤가가 아닙니다.

하나님께서는 내 인생의 가장 커다란 고난을 통해서도 구원의 역사를 이루시고, 재난 속에서도 선하심을 드러내시는 분입니다. 이들은 지금 하나님께서 하실 일이 있다는 것을 기대하지 못합니다.

하나님은 이들이 상상하지도 못했던 일을 준비해 놓으셨습니다. 하나님의 더 좋은 것은 항상 뒤에 있습니다.

그래서 믿음 안에 살아가는 사람들은 주의 '별일'을 기대하며 살아갑니다. 별일 없는 인생을 꿈꾸다가 하나님께서 행하실 '별일'을 기다리고, '별의별 일'이 주 안에서는 가능하다는 것을 미래의 시간 속에서 발견하게 됩니다.

전화 통화를 할 때 종종 듣는 인사가 있습니다. "별일 없으시죠?" 그때 제가 하는 말이 있습니다. "그러게요. 별일이 좀 있어야 하는데 아무런 일이 없네요." 하나님의 별일이 더 있어야 하는데, 무엇인가 하나님의 특별한 일이 있어야 하는데 그 일이 없습니다. 농담처럼 하는 말이지만, 이 말은 언제나 진심입니다.

하나님이 주시는 삶의 특징 중의 하나는 미래를 기대한다는 것입니다. 예수님의 삶에서 십자가가 전부가 아니었던 것처럼 제자들에게도 지금의 절망이 전부가 아닙니다. 그 이후에 부활의 사건이 다가오고 있습니다. 하나님의 일이 더 남아 있었습니다. 내가 생각하는 것이 전부가 아닙니다. 내가 보는 것이 전부가 아닙니다. 내가 느끼는 것이 전부가 아닙니다. 내가 믿는 것이 전부가 아닙니다.

이들은 미래를 돌아보지도 기대하지도 않습니다. 그러나, 하나님의 눈은 앞을 보십니다. 하나님의 손은 앞에 가 있습니다. 하나님의 계획은 우리의 계획보다 큰 것입니다. 하나님의 일하심은 우리의 상상력을 넘어서는 것입니다. 미래에는 하나님의 기이한 일들이 숨겨져 있습니다. 오늘도 하나님은 우리에게 더 좋은 것을 준비해 두시고 우리를 기다리시는 분입니다.

미래에 대한 이야기를 하면, "안 그래도 삶에 스트레스가 많아서 이것들을 치다꺼리하기에도 바쁜데 어떻게 여기에 미래까지 준비하면서 스트레스를 더 받으면서 살아갈 수 있느냐. 그것은 불가능하다." 라고 말씀하시는 분들이 있습니다. 그 말도 일리가 있습니다. 맞는 말입니다. 그러나, 스트레스는 이래도 있고 저래도 있습니다.

스트레스가 있고 없고 보다 더 중요한 것은 내가 어떤 스트레스를 받을지, 무엇을 위해서 스트레스를 받을지 결정하고 살아가는 것입니다. 그것을 결정하지 않으면 계속해서 과거에 미련을 두고 현실에서 닥치는 스트레스를 치다꺼리하면서 살아갈 뿐입니다. 내가 스트레스를 결정하지 않으면 스트레스가 내 인생을 결정할 것입니다.

스트레스를 가장 잘 다루는 삶은 스트레스를 안 받는 삶이 아닙니다. 내가 무엇을 위해서 어떤 스트레스를 받아야 할 것인가를 선택하고 살아가는 것입니다. 그때 우리는 스트레스에 쫓기는 삶이 아니라, 스트레스가 나를 돕는 조연이 되는 삶, 스트레스가 성장을 위한 연료가 되는 삶을 살게 될 것입니다.

스트레스가 미래의 곳곳에 숨겨져 있는 하나님의 축복의 보석을 캐

내는 과정이 될 것입니다. 스트레스가 내 미래로 통하는 터널을 만드는 땀과 눈물이 되어, 하나님께서 주실 새로운 미래를 만나게 될 것입니다.

4. 예수 한 분이 만들어 내는 변화

예수님의 제자들의 이야기를 따라가다 보면 예수님의 제자들에게 변화가 일어납니다. 그들에게 일어난 변화는 무엇입니까?

첫째로 그들의 잃어버린 정체성과 자신감을 회복합니다. 내가 누구인지, 누구로 살아야 하는지에 대해서 확신을 갖게 됩니다. 둘째, 그들이 하나가 됩니다. 그들이 한 공동체라는 것을 깨닫고 하나의 팀이 됩니다. 셋째, 그들이 앞으로 어떻게 살아야 할지를 알게 됩니다. 내 인생이 무엇을 위해서 이 땅에 존재해야 하는지를 알게 되는 것입니다.

이들에게 사라져서 인생의 공백을 만들었던 모든 문제들이 다 사라져 버렸습니다. 언제 그랬냐는 듯이 인생이 채워졌습니다. 그 변화의 이유는 무엇일까요? 문제의 이유가 하나인 것처럼, 문제의 해결책도 한 가지였습니다. 예수님입니다. 이들에게 일어난 변화는 예수님께서 찾아오신 것입니다.

요한복음 20:20

이 말씀을 하시고 손과 옆구리를 보이시니 제자들이 주를 보고 기뻐하더라

예수님을 만나고 나서 이들은 달라졌습니다. 자신들이 예수님의 제

자이고, 하나님의 백성이라는 것을 자각합니다. 두려움을 벗어 버립니다. 예수님 안에서 하나의 공동체를 이루어 살아갑니다. 부활하신 예수님을 만나서 영원한 생명을 확신하고 하나님 나라 복음의 증인으로 살아갑니다. 이 세상에 임한 하나님 나라를 선포하고 복음으로 일어나 이 세상의 변혁의 주체가 됩니다.

예수님의 부활을 확신하고, 예수의 임재를 확신하고, 그들은 잃었던 기쁨을 회복합니다. 영원한 기쁨으로, 흔들리지 않을 확신으로, 진리를 만난 자의 평안으로 예수님 안에 있는 새로운 인생을 시작합니다. 이들의 변화의 이유는 예수님이셨습니다.

사실 상황이 변화된 것은 하나도 없습니다. 이전보다 안 좋아지면 안 좋아졌지 나아지는 것은 없었습니다. 그러나, 다 바뀝니다. 다 똑같지만 다 다른 인생을 살아가게 됩니다. 예수님을 향해서 눈이 열리면 모든 것이 새로워지게 됩니다. 내 주변에 있던 것들이 다 새로운 가치를 갖게 됩니다. 예수님 한 분으로 인생은 전혀 다른 것이 됩니다.

우리도 이 땅에 살면서 같은 문제를 안고 있습니다. '나는 누구인가?', '나는 왜 함께 있어도 가슴이 시리도록 외로울까?', '내 인생은 어디로 가야 하는가?' 예수님은 같은 고민을 안고 살아가는 우리에게 인생의 길을 보여 주셨습니다.

그래서, 인생의 열쇠는 '예수님을 만났는가?' 하는 것입니다. 성경은 예수께서 어떤 분이신지, 왜 그분으로 인해서 변화될 수밖에 없는지를 이렇게 기록합니다.

요한복음 14:6

예수께서 이르시되 내가 곧 길이요 진리요 생명이니 나로 말미암지 않고는 아버지께로 올 자가 없느니라

예수님은 하나님 아버지께로 가는 길이십니다. 예수님은 진리이십니다. 예수님은 생명이십니다. 우리에게 주신 단 하나의 길이십니다. 이 세상에 인격으로 찾아오신 성취된 말씀이십니다. 우리에게 생명을 주시고 새롭게 살게 하시는 영원하신 능력입니다. 이 예수님을 믿고 신뢰할 때, 하나님께서 준비하신 새로운 삶이 시작됩니다.

우리에게는 바로 이 예수님이 필요합니다. 내가 누구인지, 내가 얼마나 소중한 존재인지를 회복하기 위해서는 예수님을 만나야 합니다. 정체성의 방황과 혼란을 멈추기 위해서는 예수님을 만나야 합니다. 나를 지으신 하나님 앞에 설 때 우리는 정체성과 인생의 방황을 비로소 멈출 수 있습니다.

예수님 안에 있을 때 우리의 가정과 교회라는 공동체가 진실한 공동체로 회복될 수 있습니다. 세상의 온갖 죄로 상하고 나뉘고 깨지고 더럽혀진 관계들이 치유와 회복을 경험하고 새로운 하나님의 가족으로 빚어질 것입니다. 하늘 아버지와 교제할 때, 천국공동체가 우리 안에서 이루어집니다.

예수님 안에 있을 때 내 인생을 무엇을 위해서 살아야 할지를 발견하게 됩니다. 이 세상에서 내 인생을 완성하는 것을 넘어서 하나님의 크신 뜻 안에 살아가는 차원이 다른 삶이 시작됩니다. 세상에 따라 흘러가던 인생이 하나님께 연결되어 하나님 나라와 연동되는 삶이 됩

니다. 그리고, 무엇보다 하나님의 영이신 성령 안에서 영원한 기쁨으로 살아가게 됩니다. 이 얼마나 큰 축복이며 감격입니까!

모든 인생의 문제는 예수님 안에서 풀립니다. 그리고, 교회의 모든 혼란도 예수님 안에서 풀립니다. 세상에도 그렇습니다. 인격을 잃어버린 세상에 무엇이 필요하겠습니까? 두려움에 싸인 세상에 무엇이 필요하겠습니까? 외로움에 눈물짓는 세상에 무엇이 필요하겠습니까? 인생의 길을 잃어버린 세상에 무엇이 필요하겠습니까? 세상은 예수님을 필요로 합니다.

그렇다면, 세상에 누가 이것을 줄 수 있겠습니까? 그리스도인은 우리의 마음에 심겨진 예수의 씨앗이 자라서 꽃이 피고 열매가 맺는 축복을 먼저 누린 사람입니다. 먼저 축복을 누린 자들에게는 또한 축복의 꽃씨를 뿌리는 사명이 있습니다.

그래서 우리 가정에서부터, 가장 가까운 친구들에게, 우리 동네와 내가 살고 있는 도시와 땅끝까지 예수님의 복음과 사랑의 꽃씨를 뿌립니다. 세상은 오늘도 그 꽃씨를 기다립니다.

꽃씨를 뿌린다고 당장 세상이 변하지는 않을 것입니다. 그래도 관계없습니다. 우리의 일은 세상을 완전히 변화시키는 것이 아닙니다. 그 일은 주님께서 완성하실 것입니다. 주님께서 친히 이루실 것입니다. 주께서 다시 영광 중에 오시는 날 주의 완전한 나라가 임할 것입니다. 주님께서 완성된 하나님의 나라와 함께 오실 것입니다.

주님께서 우리에게 주신 명령은 하나님의 나라를 완성하는 것이 아닙니다. 주께서 다시 오실 날을 예비하고 준비하는 것입니다. 주께서 이미 이 땅에 시작하시고 선포하신 하나님 나라가 임하였음을 증거하고 소개하는 것입니다. 하나님의 나라로, 예수 그리스도에게로 우리의 이웃을 초대하는 것입니다. 초대하는 것입니다. 복음의 꽃씨를 뿌리는 것입니다.

세상은 예수님의 복음을 필요로 하고, 예수님의 사랑을 필요로 합니다. 그리고 아직 예수님께서 다시 오시지 않았습니다. 우리에게 조금의 시간, 약간의 기회가 더 남았습니다.

세상은 주를 따르는 자들을 통해서 하나님의 살아 계심과 구원을 보게 됩니다. 생명을 전하는 공동체, 열방을 섬기는 공동체로서 예수 그리스도의 생명을 담고 있는 복음의 꽃씨를 가정과 공동체, 지역사회와 열방에 뿌려 온 세계에 아름다운 생명의 꽃들이 피어나 예수의 향기가 퍼져나가는 주의 역사를 수종드는 공동체가 될 수 있기를 바랍니다.

세 번째 만남,
세상과 소통하는 교회로 살기

오늘날 사회에서 진리에 대한 변증은 피할 수 없는 부분이 되었습니다. 사회구성원의 주류가 교회 안에 있던 시대에는 당연하게 받아들였던 것들을 이제는 회의하는 시대가 되었습니다. 호주 같은 경우에는 불과 30~40년이라는 짧은 시간에 사회구성원의 주류가 교회를 떠나면서 교회는 사회의 소수자들의 모임으로 자리를 잡았습니다. 이것은 교회가 기득권적인 사고를 벗어나 선교적인 공동체로 스스로를 인식해야 할 때가 되었음을 말해 줍니다. 이 시대는 성경과 교회, 믿음에 대해 질문하는 세상을 설득해야 하는 과제가 주어졌습니다.

1. 서구 사회의 변화 속에 서 있는 교회

오늘날 서구 사회는 무종교, 무경전, 무신론이라는 '3무 시대'입니다. 기독교 왕국을 경험했던 서구는 계몽주의와 근대를 지나, 1·2차 세계대전의 시기를 지나며 충격과 공포에 휩싸였습니다. 인간의 이성과 능력, 미래의 가능성, 다가올 유토피아에 대한 믿음에 금이 갔을 뿐 아니라 그것을 근원적으로 의심하게 되었습니다.

그 뒤에 미국에서는 히피문화로, 유럽에서는 68혁명으로 이어지는 역사의 변곡점들이 만들어집니다. 기존의 가치에 등을 돌리고 새로운 실험과 탐험에 나서기로 작정합니다. 서구 사회는 그 시기를 지나며 남아 있던 절대성에 근거를 둔 '근대'라는 댐을 무너뜨리고자 시도합니다.

그 자리에 포스트 모더니즘이 들어와 서구 사회는 절대성의 붕괴를 목도합니다. 오늘날은 거기에서부터 시간이 더 흘러 포스트모더니즘을 지나서 '포스트-포스트모더니즘'의 시대가 도래했습니다.

존경하는 선교학자이셨던 트리니티 신학교(Trinity Evangelical School)의 고(故) 폴 히버트 교수는 주님의 부르심을 받기 전에 병원을 찾은 제자들에게 "이제는 '포스트-포스트모더니즘'을 준비해야 한다."라는 화두를 던지셨다고 합니다. 처음에 그 말을 전해 들었을 때에는 잘 몰랐습니다. 상대적이고, 주관적이고, 감성 중심적인, 기존의 가치와 통념에 도전하며 새로운 흐름을 만들어 내는 포스트모더니즘의 뒤에는 무엇이 있을까? 아무리 생각해도 감이 잡히지 않았습니다.

질문을 던지고 답을 찾기 위해서 고심하던 중 세상의 흐름은 그것이 무엇인지를 자연스럽게 보여 주었습니다. '포스트-포스트모더니즘'은 전에는 받아들여지지 않았던 가치들, 일부에서 주장하던 사고들, 이해받지 못했던 방식들이 전면에 나서 주류로 자리를 잡는 시대입니다. 그 뒷면에서는 주류가 비주류가 되고, 기존의 방식과 사고들이 소수가 되고 변방으로 밀려 나가는 일이 벌어집니다.

기독교가 사회의 일부로 축소되고 성경적인 사고와 가치들로부터 빠른 이탈을 보이는 서구의 모습은 '포스트-포스트모더니즘'이라는 시대의 흐름 안에 교회도 이미 들어가 있음을 보여 주는 것입니다.

호주는 그런 의미에서 의미심장한 나라입니다. 시드니대학교는 영국인들이 개척한 식민지의 주요도시에 세운 대학 중에 처음으로 신학 대학이 없는 곳이었습니다. 멜번대학교는 이사회 중에 목회자가 참여하지 않은 첫 번째 대학이기도 합니다. 호주는 국가의 태동기부터 시작된 오랜 교회의 전통이 있지만, 같은 시기부터 시작된 세속화의 움직임도 결코 작지 않은 나라였습니다. 오늘날에도 도시 곳곳에 교회가 있고 기독교적인 전통을 가지고 있는 나라임이 분명하지만, 성경적이지 않은 결정들이 별다른 저항감 없이 이루어지는 곳이기도 합니다.

사회적인 결정이 교회의 침체에 영향을 주고, 교회의 급속한 쇠락과 신학적인 후퇴는 정치적이고 사회적인 담론이 세속화되는 것을 더욱 가속화시켰습니다. 이렇게 두 세계가 주거니 받거니하며 호주의 사회와 교회는 점점 성경적인 가치를 떠나서 외진 곳으로 가고 있습니다.

교계에서도 이런 시대적인 흐름을 읽고 사회적인 변화에 부응하고 성경적인 대안을 반영하려고 곳곳에서 목소리를 내고 있습니다. 기존의 기독교 제국 시기의 교회에 대한 생각과 아이디어들을 재검토하고 있습니다.

교회가 무엇인지, 교회가 지켜야 하는 것은 무엇이고 교회가 변화해야 하는 것은 무엇인지, 즉 교회의 몸과 갈아입어야 하는 옷이 무엇인지를 새롭게 묻고 있습니다. 교회가 어디에서부터 왔고, 왜 여기에 있고, 앞으로 교회는 어디로 가야 하는지 묻고 있습니다. 교회의 '다음'이 무엇이어야 하는지를 찾고 있습니다. 이렇게 새롭고 창의적이며 오늘날의 상황 속에 적실한 주님의 교회를 세우려는 새로운 시도들이 일어나고 있습니다.

얼마 전에 가족들과 함께 가까운 곳으로 여행을 갔습니다. 그곳에서 온 가족이 가정예배를 드릴 때였습니다. 아이들에게 질문을 했습니다. "너희 친구들을 전도하려면 교회가 어떻게 해야 할까?" 이 질문에 대해서 큰아들이 대답을 했습니다. "정확한 거는 모르겠는데, 지금의 교회처럼 하면 안 될 것 같아, 아빠!"

그리고, 잠시 후에 둘째 아들이 질문을 했습니다. "아빠! 하나님이 LGBT(LGBT는 성 소수자 중 레즈비언, 게이, 양성애자 및 트랜스젠더를 합하여 부르는 이름입니다.)를 어떻게 생각하셔?" 바로 이어서 "왜 그런 질문을 하니?"라고 물었습니다. "내 친구가 '하나님께서 나도 사랑하시는지, 나도 구원받을 수 있는지'를 물어봤어."라는 대답이 돌아왔습니다. 그래서 가족들이 토론을 했습니다. 성경을 읽고, "예수님은 그 친구를 위해서도 오셨다."라는 것을 함께 나누었습니다. 그리고 그 친구를 위해서 함께 기도했습니다.

둘째 아들은 이미 친구에게 "예수님은 '우리'의 '죄'는 미워하시지만, '우리' 같은 '죄인'은 사랑하신다."고 대답을 해 주었다고 합니다. 그래도 마음이 찜찜했는지 혹시나 하는 마음에 가정예배에서 다시 질문을 한 것입니다. 친구도 구원받을 수 있다는 말을 듣고 둘째 아들은 방에 들어가서 문을 잠그고 오랜 시간을 통곡하듯이 울었습니다.

우리 시대는 복음의 메시지와 내용은 더 원색적이고 분명해야 하는 때가 되었습니다. 동시에 그만큼 지혜가 필요한 시대도 되었습니다. 칼을 칼집에 보관하듯이 진리를 온전하게 지키고 유지하는 것도 중요하고 동시에 진리를 전달하는 방법과 과정도 중요해졌습니다. 우리 시대의 도전 앞에 대답할 것을 예비하되 온유와 두려움으로 해야 한다는 베드로의 권면이 정말 필요한 때가 되었습니다.

베드로전서 3:15

너희 마음에 그리스도를 주로 삼아 거룩하게 하고 너희 속에 있는 소망에 관한 이유를 묻는 자에게는 대답할 것을 항상 준비하되 온유와 두려움으로 하고

이런 포스트-포스트모더니즘의 시대에는 새로운 방식이 필요합니다. 근대적인 방식만으로는 소통할 수도 없습니다. 사람의 마음을 열어 주시고 믿음을 주시고 우리로 하나님의 자녀가 되도록 초청하시는 분은 성령이십니다. 그러나, 그 일을 감당하는 통로로서 전도자인 우리는 사회의 언어와 상식으로 복음과 우리가 믿는 바를 설명하고 설득하는 지혜가 필요합니다.

예수님의 방식이 그랬습니다. 예수님은 굉장히 쉽고 친숙하고 누구나 알고 있는 개념으로 진리와 복음을 설명해 주셨습니다. 예수님이 하셨던 것처럼 종교적이고 신학적이고 이론적인 틀을 벗어 버리고, 그들과 같은 모습으로 다가가야 하는 때가 온 것입니다.

전에는 당연하게 믿었던 것들을 설득하는 것은 당혹스럽고 어려운 작업이 될 수도 있습니다. 그러나, 우리의 믿음의 기초를 든든하게 하며 약해진 지반을 다지고 집을 수선하고 견고하게 짓는 기회가 될 수도 있습니다. 느슨해졌던 교회가 다시 스스로를 돌아보고 겸손하게 사회를 섬기는 자세를 회복해야 할 때입니다. 지배종교의 건장을 떼고, 우리의 사고를 깊게 훈련하고 사랑 안에서 대화하며 복음을 전하는 통로가 되어야 할 때입니다. 오랫동안 당연한 것을 당연하게 받아들였던 생각을 돌이켜야 하는 때입니다.

예수 그리스도의 복음이 처음 제국 속으로 퍼져 나가던 초대교회 때에도, 복음은 로마 사회 속 비신자들에게 번져 나갔습니다. 그들의 일상에 증거되고 회자되고 퍼져 나갔습니다. 우리 시대는 로마제국의 시기와 닮아 가고 있는 중입니다. 그래서 필자는 지금의 시기를 '신로마제국의 회귀'라고 부르곤 합니다.

다시 로마제국 시대의 가치들이 고개를 들고 일어나고 있습니다. 교회는 소수로 축소되고 있습니다. 사회만이 아니라 교회도 1세기의 위치로 돌아가고 있습니다. 우리는 1세기의 그리스도인들에게서 교훈을 받아야 합니다. 하나님을 떠난 세상이 진리가 있다는 것을 알기까지, 종교적인 용어와 신학적인 개념을 벗어나서 일반인들의 관점과 사고로 율법을 알지 못하는 이방인들에게 진리를 전하려 탐구하던 그들의 열정을 회복해야 하는 때입니다.

대화를 나눌 수 있는 주제들이 여럿 있지만, 이 장에서 함께 대화를 나눠 볼 주제는 '하나님이 계시는가?' 하는 질문입니다.

로이스 티어베르그는 그의 책《랍비 예수와 함께 성경 읽기》에서 이런 주장을 합니다. "히브리인들의 방식은 하나님이 계신 것을 어떻게 증명할 수 있는가에 초점을 두지 않고, 계신 하나님께 두었습니다." 세상을 창조하신 하나님을 처음부터 선포하고 예배하고, 친밀함을 누리는 삶을 살아가는 것이 중요했습니다. 믿음의 삶에 있어서, 이성적인 논증이 아니라, 인격의 깊은 곳에 있는 하나님을 향한 신뢰가 전제였습니다.

그러나, 오늘날에는 하나님이 계시지 않는다고 생각하는 사람들이 많아졌습니다. 역사를 보면 불과 몇 백년도 되지 않은 이 흐름은 빠른 속도로 퍼져나가 서구의 사상계를 잠식하며 서구의 주류가 무신론과 과학주의에 귀의했음을 선언하고 있습니다. 교회는 그들에게 하나님께서 계신 것과 하나님을 신뢰할 수 있는 이유를 설득해야 할 필요성이 대두되었습니다.

2. 존재론에 대해서

'하나님은 계시는가?', '하나님을 믿을 수 있는가?' 이것에 대해서 답을 할 수 있는 사람은 아무도 없습니다. 하나님을 볼 수 있는 사람이 없기 때문입니다. 그러나, 하나님의 존재는 하나님의 움직임으로 알수 있습니다. 하나님께서 하신 일들의 결과는 하나님의 존재를 설명하는 하나님의 손길의 흔적들입니다.

예수께서 니고데모와 대화하실 때 이런 말씀을 하셨습니다.

요한복음 3:8

바람이 임의로 불매 네가 그 소리는 들어도 어디서 와서 어디로 가는지 알지 못하나니 성령으로 난 사람도 다 그러하니라

예수께서는 바람이 불 때 나뭇가지가 흔들린다고 하셨습니다. 보이지 않는 원인에 의해서 일어나는 보이는 결과에 대한 이야기입니다. 우리의 눈 앞에 있지만 보이지 않는 하나님에 의해서 일어나는 일들이 있습니다.

하나님의 계시인 성경이 그렇습니다. 하나님은 보이지 않지만 하나님의 계시의 말씀이 우리의 눈 앞에 있습니다. 우리의 구원이 또한 그렇습니다. 바람이 보이지 않지만 나뭇가지가 흔들리는 것처럼, 하나님은 우리와 함께하십니다. 우리를 위해서 일하십니다. 우리의 구원을 이루십니다. 우리의 구원과 구원으로 변화된 삶과 세상은 '바람'이 불고 나서 흔들리는 나뭇가지입니다.

또한 이것은 하나님의 창조에 대한 이야기이기도 합니다. 하나님께서 계시기 때문에 하나님의 성품과 형상을 닮은 것들이 세상에 존재합니다. 성경에서는 하나님 안에서 생명이 시작되었고, 존재의 가치가 형성되었고, 존재의 의미가 발견될 수 있다고 말합니다. 바람이 움직이기 때문에 나뭇가지가 움직이는 것처럼, 하나님께서 움직이셨기에 하나님의 아이디어와 계획에 따라서 하나님의 성품과 형상을 반영하는 피조물들이 창조의 과정을 거쳐서 결과물로 존재하고 있습니다.

그러나, 세상은 이것에 대해서 다르게 말합니다. 생명과 인격의 존재는 다른 방식으로 시작되었다고 주장합니다. 세상은 우연히 존재

하게 되었고, 생명체는 물질에서 '어떻게 하다 보니'(?) 나왔다고 말입니다. 우연히 존재하게 된 세상과 생명체는 우연의 연속 과정으로 오늘날과 같이 다양한 생태계를 이루며 발전해 오고 있다고 말합니다.

세상은 우연히 만들어질 수 있을까? 생명은 물질에서 왔는가? 어떻게 생명이 이렇게까지 복잡하고 다양한 수백만의 종으로 분화되어서 지구를 뒤덮고 있을까? 수많은 생명체들이 정교하게 얽혀서 살아가는 이 생태순환시스템이 우연이라는 한 단어로 과연 설명이 가능할까?

이것에 대한 이야기들은 하나님의 살아 계심과 움직이심, 그리고 지금도 함께하시는 것에 대한 대화의 출발점이 될 수 있습니다.

여기에 대해서는 이미 증명되어서 기본적으로 받아들이는 분명한 몇 가지의 원리가 있습니다. 고차원적이고 난해한 과학서적을 읽지 않아도 됩니다. 이미 학교 다닐 때 다 배운 것들입니다.

먼저, 물질은 물질로만 존재하고, 생명은 생명에게서만 난다는 것입니다. 이것은 너무나 상식적이어서 강조하는 게 더 우스울 수 있는 수준의 이야기입니다. 예수님의 말씀처럼 육에서 난 것은 육이고, 영에서 난 것은 영입니다.

요한복음 3:6

육으로 난 것은 육이요 성령으로 난 것은 영이니

풀에서 난 것은 풀입니다. 박테리아는 박테리아를 낳고, 사람은 사람에게서 태어납니다. 물질은 물질로 존재합니다. 이것이 바뀌는 예는 없습니다. 고등학교 생물시간에 배운 것처럼, 종은 종에게서만 나옵니다. 개는 강아지를 낳고, 소는 송아지를 낳고, 말은 망아지를 낳습니다. 또한 생명은 생명에서만 나오는 것입니다. 생명이 없는 것에서 생명이 나올 수는 없습니다.

그 전제를 깨는 일이 일어나지 않고 생명체의 탄생은 일어날 수 없었을 것입니다. 생명이 없는 것에서 생명이 나와야 합니다. 무기질이 유기질로, 유기질이 생명으로 탄생하는 순간이 이루어져야 하는데, 현대 과학은 이런 일은 불가능하다는 확신을 가지고 있습니다.

이것은 엄밀하게 말하면 과학의 영역을 뛰어넘는 것입니다. 어떤 진화론자들은 이 부분에 대해서 설명하는 것이 불가능하기 때문에 아예 생각 자체를 하지 않고 덮어 둡니다. 이 불가능을 설명하기 위해서 진화론자들이 하는 일은 그런 일이 일어날 수 있는 가능성을 높이기 위한 확률 증가를 꾀하는 것입니다.

즉, 지구 안에서 우연히 생명이 탄생할 수 있는 기회와 가능성에 우주적인 확률을 더하기 위해서 우주기원설을 말하기도 합니다. 우주도 하나로는 부족하니 무한대의 숫자로 존재하는 다중우주론을 통해서 무조건 이 일이 일어날 수밖에 없다는 지적인 위안장치를 마련합니다.

이런 노력의 밑바닥에는 그 일은 절대로 일어날 수 없다는 불안이 있습니다. 확률의 가능성을 만들어 내려고 시도하지만 결국 가능성은 0으로 수렴할 뿐입니다. 그들이 물질에서 생명이 시작된 기원에 대해서 침묵을 하고 있는 것 자체가 그 일이 불가능함을 암시하는 가장 좋은 답변입니다.

캄브리아기의 대폭발도 설명이 어렵습니다. 다윈이 생각했던 것처럼 종의 분화는 세포 하나에서부터 조금씩 위로 올라가면서 복잡해지는 나무와 같은 계통도가 아닌 것은 이제 보편적인 지식이 되었습니다. 캄브리아기에 있었던 일련의 사건들이 단순했던 진화론을 더 복잡하게 만들었습니다. 진화가 하나의 계통에서 일어난 것이 아니라는 것이 발견된 것입니다.

고생대의 첫 번째 시기로 일컬어지는 캄브리아기에 최소한 삼십여 개의 다른 속에 속한 생물들이 갑자기 출현합니다. 설명할 수 없는 생물학적 종의 폭발이 시작되는 출발점입니다. 다양한 종들의 갑작스런 출현은 설명하기 어렵습니다. 어떤 변수와 요인들에 의해서 갑자기 그런 생물학적인 차이를 만들어 내게 되었는지, 종의 분화가 가능하게 된 역동의 이유가 무엇인지는 아무도 설명하지 못합니다. 이것은 진화보다 오히려 하나님께서 종류대로 이 세상을 지으셨다고 말하는 창조와 공명되는 부분입니다.

이것은 빅뱅의 이론과도 연결됩니다. 처음에 허블과 그의 동료들에 의해서 빅뱅이론이 나왔을 때 그것을 환영한 것은 진화론자들이 아니라 창조론자들이었습니다. 우주의 시작이 있는 것을 알리는 이론이었기 때문입니다.

서구 사회의 우주관은 아리스토텔레스부터 시작해서 오랜 시간 동안 움직이지 않고 변하지 않는 우주론에 머물러 있었습니다. 그래서 빅뱅을 받아들일 수 없었습니다. 지금은 우주의 확장 속도가 상수로 존재하는 것이 알려지면서 진화론자들이 폭넓게 받아들이는 이 주장은 세상에 시작이 있다고 하는 성경의 가르침, 즉 창조와 연결되는 함의를 담고 있습니다.

또 한 가지 진화가 원천적으로 일어나기 어려운 부분이 있다면 '어떻게 하등한 종이 상승진화를 이루어 낼 수 있었는가?' 하는 것입니다. 진화론자들이 주장하는 피조세계의 존재 과정은 자연적인 우연의 과정으로 목적을 지향하지 않습니다. 그럼에도 무한대분의 일의 가능성으로 그런 일이 일어났음을 주장하는 이론입니다. 그런 일들이 연속으로 일어나 여기까지 왔다고 믿습니다.

그러나, 이런 일들은 우리의 주변에서 일어나는 일들과는 정반대되는 주장입니다. 획득형질이 다음 세대에 유전되는 것도 아니고, 종간 교배로 만들어진 종들과 돌연변이로 발생한 종들은 생식기능이 존재하지 않습니다. 상승진화가 가능하기 위해서 우리가 찾은 방법들은 현실 속에서 불가능한 방식들로 증명된 것들입니다.

이것은 물리학의 기본원리에도 맞지 않습니다. 에너지가 아래에서 위로 올라가는 것은 물리학의 두 번째 원리인 엔트로피 법칙과 상충됩니다. 인위적인 노력이 없이 자연적으로 흘러가는 시간 속에서 에너지의 축적이나 상위단계로의 발전은 이루어지지 않습니다. 허물어지고 약해지고 사라져서 다른 모양과 방식으로 존재하게 될 뿐입니다.

몇 가지만 간단하게 살펴보아도 우리가 학교에서 배운 과학의 전제와 진화의 이론이 얼마나 큰 차이를 보이는지 아는 것은 어렵지 않습니다. 그러면서 발견하게 되는 한 가지 아이러니가 있습니다. 믿음의 요소를 거절하는 진화론의 기초에 믿음이 깔려 있다는 것입니다.

진화론은 불가능한 일이 일어났다는 것을 믿는 '믿음에서 나온 이론'입니다. 진화는 창조주를 설정하지 않기 때문에 우연히 발생한 것을 믿는 믿음이고, 창조는 이렇게 복잡하고 고등한 존재들이 있는 것은 이런 존재를 설계하고 의도하고 만든 창조주가 계시다고 하는 것을 믿는 것입니다. 이렇게 진화도 창조도 모두 믿음에서부터 출발합니다.

진화냐, 창조냐의 문제의 본질은 '사실이냐? 아니냐?'가 아니라 '무엇을 믿는가?'입니다. 더 간단히 요약하면 '창조주를 믿느냐? 믿지 못하느냐?'의 질문입니다. 창조주를 믿으면 창조의 과정으로 이 세상의 존재를 받아들이고, 창조의 과정을 과학으로 탐구하는 노력을 해 갈 수 있습니다. 그러나, 창조주를 믿지 못하면 창조의 과정을 창조주를 빼고 설명하는 방식을 선택하게 되는 것입니다. 그것이 진화론입니다.

인간이 이룬 모든 과학과 지식, 원리와 기술을 총동원해도 만들 수 없는 복잡함을 지닌 생명의 존재를 우리는 매일 대하며 살아갑니다. 그 존재의 시작을 우연이라고 믿을 수 있고, 반대로 창조주께서 지으셔서 존재하고 있다고 받아들일 수도 있습니다. 우리의 양심과 합리성은 스스로 어떤 것이 더 설득력 있는 것인지를 분별할 수 있을 것입니다.

3. 가치와 의미에 대해서

존재의 가치와 의미에 대한 질문과 호기심은 또 다른 주제입니다. 우리가 단지 물질에서 왔다면 '실존'과 존재의 '가치와 의미'에 대한 갈망은 너무 큰 괴리를 갖게 됩니다. 사람이라면 모두 가지고 있는 이 갈망들은 물질에서 왔다고 하는 전제에서는 결코 만족될 수 없습니다.

만약에 물질에서 생명을 가진 존재가 나왔다고 쳐 봅시다. 그럼 생명을 가진 존재는 물질의 연장입니다. 그 존재는 물질의 가치만 갖고 있습니다. 물질의 한 변형일 뿐입니다. 물질의 작용으로 생명이 작동하고 있을 뿐입니다.

이것이 물질주의입니다. 그리고, 물질주의의 전제는 우리의 존재론적인 의문과 커다란 충돌을 일으킵니다. 우리는 물질에서 갈라져 나온 물질의 일부일 뿐인데, 물질로 살다가 존재 소멸로 사라질 생각은 하지 않습니다. 나의 존재 가치와 내 인생의 의미를 질문합니다. 내 생명 값을 알고 싶어 합니다. 이것은 모순입니다. 물질로 만들어진 존재가 자신을 물질만으로 인식하지 않는 것입니다. 물질보다 더 있다고 생각합니다.

이것은 모든 민족의 사람들, 남자든 여자든, 어린아이든 노인이든, 계층이나 그 사람의 사회적인 지위에 예외가 없이 작동합니다. 그러나, 물질에서 어떻게 하다가 이 세상에 태어난 존재라면 미안하지만 존재의 가치나 의미는 없는 것이 맞습니다. 우리는 흙에서 우연히 튀어나온 본능만 꿈틀거리는 존재일 뿐입니다.

필자는 무신론을 여러 가지 차원에서 받아들이지 않습니다. 그런데, 그중에 가장 큰 이유 하나가 바로 이것입니다. 무신론적인 물질주의는 인간의 정체성과 존중감, 가치와 의미에 대해서 아무런 답을 주지 못합니다.

인생의 의미와 인간의 가치, 삶의 목적이 설정되지 않으면 우리는 제정신으로 살아갈 수 없습니다. 이것은 결코 추상적이거나 이론적인 것이 아닙니다. 진화론적이고 물질주의적인 전제가 사실이고 맞다면, 개인뿐 아니라 우리의 사회와 정신세계도 일대 혼란에 빠질 수밖에 없습니다.

대표적인 천문학자인 칼 세이건은 그의 대표 저서인《코스모스》에서, 하나님을 설정하는 것이 인생과 우주의 의미와 목적을 만족시키는 설명이라는 것을 인정합니다. 그러나, 이것은 단지 어떤 것을 선택할 것인가 하는 단순한 기호나 취향의 문제가 아닙니다. 그 선택으로 모든 것이 달라지기 때문입니다. 이것은 우리의 모든 것을 결정하는 가장 중요한 기초석입니다. 우리의 존재와 존재가치부터 전혀 달라집니다.

'왜 돼지나 닭은 잡아서 음식으로 먹으면서 인간의 생명은 그렇게 다루지 않는가?', '왜 사람을 인종이나 성별, 신분이나 피부색으로 차별하면 안 되는가?'를 생각해 보면 이 질문이 얼마나 중요한지를 금세 알아볼 수 있습니다.

우리가 어떤 것을 받아들이는가에 따라서 인간의 몸과 생명을 대하는 태도가 결정됩니다. 살인과 학대, 인신매매, 장기매매, 유괴나 학살과 같은 수많은 문제들에 대한 자세를 선택하는 것입니다.

이것에 대한 답을 주는 것은 성경입니다. 성경은 처음부터 하나님께서 당신의 형상대로 인격성과 성품, 재능과 은사, 세상을 살아갈 이유와 목적을 가진 존재로 인간을 지으셨음을 선언합니다. 인간의 존재에 대한 신적 개입과 행동이 있었음을 기록하고 있습니다. 우리를 하나님께서 지으신 걸작품이자 최고의 예술품으로 기록합니다. 우리 안에 있는 존재와 인생의 이유에 대한 질문, 나의 가치에 대한 열망은 하나님 앞에 서면 비로소 해결이 됩니다.

하나님께서 처음으로 인간을 지으실 때부터 존재의 가치를 부여하셨고, 인간의 인생에 의미를 주셨고, 하나님의 형상을 담아 주셨기 때문에 이것을 찾기 위해서 다른 곳을 헤매 다닐 필요가 없습니다. 성경은 여러 곳에서 이것에 대해서 기록하지만, 특히 인간을 처음으로 창조하시는 창세기 1장에서부터 기록되고 있습니다.

창세기 1:26a

하나님이 이르시되 우리의 형상을 따라 우리의 모양대로 우리가 사람을 만들고

하나님께서는 사람을 지으실 때 하나님의 형상대로 지으셨습니다. 하나님께서는 인간들을 하나님의 가치를 담고 있고, 하나님의 영원하신 계획과 성품에 참여하는 자로 지으셨습니다. 인간의 삶의 만족은 하나님과 연결되고 하나님의 일하심과 연결될 때 채워지고 찾아집니다. 이 땅에 있는 것들만으로 인간은 만족할 수 없습니다.

심지어 동물과 식물도 하나님께서 지으신 것이라고 명시하고 있습니다. 동물의 생명권, 학대받지 않을 권리를 담고 있습니다. 하나님께서 지으신 것이기 때문입니다. 우리에게 맡겨 주신 것이기 때문에 잘 관리하고 보호하고 생육하고 번성하도록 해야 하는 것이 인간의 사명입니다.

성경이 아니라면, 인류의 역사는 처참한 모습으로 파괴되어졌을 것입니다. 서로를 대하는 자세를 결정하기에 앞서서 자신의 내면이 먼저 무너졌을 것입니다. 무신론이 이 세상의 실재라면, 인생과 역사의 의미라는 것이 아예 존재하지 않게 됩니다. 그런 인생을 견딜 수 있는 사람이 몇 명이나 있을지 모르겠습니다. 개인뿐 아니라, 모든 인류는 감당하지 못할 정신적인 혼란과 충격에 직면할 것입니다.

존재의 의미와 가치가 거절당하는 고통은 우리가 물질적인 풍요 속에 살아 있다고 해서 해소될 수 있는 수준이 아니라는 것을 모르는 사람은 없습니다. 우리가 살아가는 데 필요한 기본적인 수준의 물질은 누구에게나 필요하지만, 잉여 자원이 주는 행복도나 만족이 우리의 근원적인 질문을 채울 수 있는 것은 아닙니다.

과학은 소중한 것입니다. 그러나, 과학을 이 세상을 설명할 수 있는 단 하나의 이야기처럼 생각하는 과학주의적인 사고는 인류에 대한 존재론적인 거절과 정서적인 학대가 될 수 있습니다. 이것은 하나님을 거절할 때 우리가 만나게 되는 피할 수 없는 현실입니다. 우리의 의미는 하나님 안에서 발견할 수 있습니다.

갓 태어난 아기가 먹을 것만 먹여 준다고 건강하게 자랄 수 없는 것처럼, 우리에게는 인격적인 관계가 필요합니다. 이것은 선택이 아닙니다. 절대적인 필요입니다. 그 안에서 나의 존재와 존재의 의미와 가치가 확인됩니다.

한 영상 강연회에서 '뇌과학'을 전공한 강사가 인생의 의미를 찾는 법에 대해서 설명하는 것을 들었습니다. 모두가 숨죽여 강의를 경청하는 가운데 내용의 대략은 다음과 같았습니다. "어디에도 당신의 인생의 의미는 없다. 스스로 당신의 이야기를 만들어서 당신의 의미를 창조하라." 호주 출신인 론다 번의 《시크릿》에 나오는 표현과 일맥상통합니다. "아무리 높은 곳에 올라가도 당신의 인생의 목적이 써 있는 것 같은 칠판 따위는 존재하지 않는다."

무신론적인 사고방식이 팽배해진다고 해서 내 인생의 가치감, 중요감, 의미와 목적을 향한 질문과 열정이 식거나 줄어드는 것은 아닙니다. 그리고, 애초에 없는 이유를 만들어서 살아가는 삶이 나에게 만족을 줄 수도 없습니다. 내가 만든 이야기로 나를 세뇌시켜서 살아가는 것은 그 이야기가 힘을 잃게 될 때, 무너질 수밖에 없는 삶을 유지하고 있는 것에 불과합니다. 이렇게 무신론이 우리의 존재 의미에 대해서 줄 수 있는 것이라고는 메마르고 비어 있는 껍데기뿐입니다.

앞으로도 우리의 질문은 끝이 없이 이어질 것입니다. 우리의 친구들도, 우리의 자녀들도 계속해서 질문할 것입니다. "이 우주와 세상은 왜 존재하는가?", "나는 왜 사는 것인가?", "내 인생은 어디로 가는가?" 모두가 알고 싶어 합니다. 인생과 역사가 물질에서 와서 물질로 돌아간다고 한다면 우리의 질문은 답을 알 수 없는 불가지론으로 끝날 것입니다. 없다면 무엇이라고 해야 하는지는 각자가 알아서 풀어야 합니다.

그러나 이것은 개인적으로 풀어낸다고 다 끝나는 문제가 아닙니다. 개인의 결정이 모두에게 영향을 주기 때문입니다. 이것에 대한 결정은 사회적인 파급력을 가지고 옵니다. 그래서, 이것은 개인적인 차원이라고만 할 수 없습니다.

인생이 어떤 것인지, 인생의 의미가 무엇인지 모든 것을 자신이 결정할 수 있다면 우리의 생각처럼 모두가 자유롭게 우아하고 아름다울 수만은 없을 것입니다. 모든 것이 가능해지기 때문입니다. 어떤 행동과 선택도 정당화됩니다.

물론 법적인 기준이나 사회적인 규범을 만들 수 있지만, 사람들의 양심이 동의하는 보편성을 기대할 수는 없습니다. 각자의 소견에 옳은 대로 알아서 살아가는 정당성이 부여되기 때문입니다. 무법이든 불법이든 내가 선택한다면, 누구도 개입할 수 없습니다. 어차피 객관적인 기준과 범주라는 것은 존재하지 않습니다. 모든 사람들이 각자 알아서 선택할 수 있는 자유를 가지고 있습니다.

사회 곳곳에 다양한 생각과 사상을 가진 사람들이 존재하게 될 것입니다. 뉴스에서는 온갖 사건과 사고들을 피할 수 없을 것입니다. 사사기의 모습이 그랬던 것처럼, 기초가 무너진 사회는 혼란과 혼돈을 피할 수 없습니다. 사람들은 이것을 자유의 길이라고 말합니다.

그러나, 성경은 이것을 하나님을 떠난 삶이라고 말합니다. 기초가 무너진 사회가 되고, 인생이 되는 것입니다. 우리의 모든 삶의 기초는 영적인 기초입니다. 성경은 이것을 해결하는 길이 우리를 지으신 하나님 앞에 나가는 것이라고 강조합니다. 성경은 우리의 존재의 모습과 어디에서부터 어떻게 엉켰는지 이유를 설명해 줍니다. 하나님께서 인간을 창조하실 때의 기록을 보면 이렇습니다.

창세기 2:7

여호와 하나님이 땅의 흙으로 사람을 지으시고 생기를 그 코에 불어넣으시니 사람이 생령이 되니라

먼저 흙으로 사람을 지으셨습니다. 흙에서 만들어진 것이 몸과 본능입니다. 그리고, 생기를 그 코에 불어 넣으셨습니다. '생기'는 공기, 숨, 생명, 영, 형상등 여러 가지의 의미들을 담고 있는 의미덩어리 단어입니다. '생기'는 생명의 기운입니다. '생기'는 영혼과 지성, 감성, 그리고 양심입니다. '생기'는 성령입니다. 성경에서는 여러 곳에서 성령을 바람으로 묘사할 때가 있습니다. 인간은 몸과 영혼, 이성과 감정, 양심이 성령 안에서 다스림을 받아 살아가는 존재로 지어진 것입니다. 그런 인간을 생령이라고 부릅니다.

그러나, 죄는 하나님의 성령으로 살아가기를 거절합니다. 통합시스템에 문제가 일어납니다. 하나님과의 관계, 교제, 영적인 영역에 대한 시야와 관심이 망가집니다. 인간의 눈이 물질과 현실, 경험과 이성에만 제한됩니다. 보이는 세상조차도 파괴되고 오염되고 제한적이 됩니다. 세상을 바라지만 세상은 나를 채워 주지 못합니다.

영적이고 영원한 관점을 상실하고 그 거대한 부분이 무엇으로도 채워지지 못해 갈망으로 남았습니다. 이것이 성경이 말하는 인간의 실존입니다. 존재와 존재의 의미 및 가치에 대해서 오늘날 사회가 주장하는 것과 맥을 같이 합니다.

유발 하라리는 《사피엔스》에서 사피엔스의 특징 중에 다른 유인원, 다른 종들과 다른 특징을 설명합니다. 왜 사피엔스가 영장류를 정복하고 세상을 다스리는 최강자로 살아남았는가? 진화론적인 입장에서

그가 말하는 이유 중에 하나는 형이상학적인, 특히 종교적인 세계에 대한 안목이라고 했습니다. 그것이 인간을 우월하고 탁월하게 만들어 준 차이점이었다고 지적합니다.

그런데 아이러니하게 그는 사피엔스가 두각을 나타냈던 포인트를 무시함으로 인류를 다른 동물들이나 유인원의 수준으로, 오감과 직관, 그리고 경험에 의지해서 살아가는 존재로 끌어내립니다. 그의 견해대로라면 현생인류는 하나의 차원을 볼 수 있는 시야를 잃어버려 이제는 사피엔스보다 못한 더 열등한 존재론적인 가치를 지니게 되었습니다.

그렇다면, 그렇게 보지 못하게 된 세계는 이제 사라진 것일까요? 두 개의 연결된 세계 중에서 하나를 잃어버린 현생 인류의 시야는 온전한 것이라고 말할 수 있을까요?

마이클 고힌과 크레이그 바르돌로뮤는 공저한 《세계관은 이야기다》에서 "이 세상을 설명하는 이야기는 하나."라고 설명합니다. 우리의 존재, 우리가 살아가는 자연, 이 우주와 역사, 인간과 공동체, 국가와 문화, 사람이 살아가는 모든 영역의 존재와 그 의미를 가장 명확하고 분명하게 설명해 주는 하나의 이야기가 있을 것입니다.

'세상이 어떻게 존재하게 되었는가?', '우주의 시작은 무엇인가?', '우주와 역사가 존재하는 이유, 지탱하는 힘은 무엇인가?', '역사의 결국은 어떻게 되는가?', '죽음 이후에는 무엇이 기다리고 있는가?' 등의 질문입니다. 그 사건의 실체는 하나입니다. 둘이나 셋일 수는 없습니다. 이것을 믿는 민족과 계층과 사람들에 따라서 진실이 나뉘어지지는 않을 것입니다.

이 세상과 우주를 설명할 수 있는 '사실에 대한 이야기'는 한 가지입니다. 우리는 이것을 진리라고 부릅니다. 결국 이것은 이론의 문제가 아니라 진리의 문제입니다. 그 한 가지 이야기가 무엇인가에 대한 싸움이라고 할 수 있습니다. 진리가 무엇인가의 싸움입니다. 단순히 창조냐 진화냐의 질문이 아닙니다. 진리가 무엇인가에 대한 싸움입니다. 세상의 실체를 담고 있는 하나의 진정한 이야기가 무엇이냐의 문제입니다. 그 안에 우리의 존재와 존재의 가치, 존재의 의미가 다 담겨 있습니다.

4. 신앙과 과학의 두 눈을 회복하기

성경은 하나님께서 당신의 기쁘신 뜻을 따라서 세상을 창조하셨다고 말씀합니다. 세상에 존재하는 모든 생명체를 하나님께서 지으셨습니다. 육신과 함께 영혼을 가진 인간을 창조하셨습니다.

우리가 살고 있는 세상은 창조에 대한 확실한 증거들을 가지고 있습니다. 첫 번째 증거는 우주와 자연세계에 존재하는 정교한 질서와 법칙들입니다. 그리고, 미세한 부분까지 체계적이고 정확하게 움직이는 피조물들의 존재입니다. 의도하고 계획한 설계자가 없이 이렇게 정교한 피조물들과 피조세계는 나올 수 없습니다.

이것을 조금 더 이해를 쉽게 하기 위해서 아주 단순한 예를 들어 보겠습니다. 맨리 바닷가에서 최신 아이폰을 주웠습니다. 전화기를 열어 보니 그 안에 사진이 있습니다. 앱도 있습니다. 전화도 됩니다. 그런데, 이것이 45억 년의 기간 동안 무한대의 가능성 안에서 만들어졌다고 하면 믿으시겠습니까? '꽃게들이 철덩어리를 가지고 놀다가 나사들이 만들어지고, 유리가 파도에 부딪쳐서 계속 갈아지다 보니까 평편하게 깎이고, 톱상어가 판을 깎고, 새우들이 중앙처리장치(CPU)를 우연히 정교하게 다듬고….'

그것들이 수십억 년이라는 시간 동안, 수천억, 수천조, 무한대의 확률 속에서 바닷속에서 돌아다니다가 만나서 우연히 이런 것이 만들어졌다면…. 여러분은 그것을 믿으시겠습니까? 그것이 해류에 쓸려서 바닷가로 나오고 모래 해변에서 햇빛에 말랐는데, 누군가가 그걸 발견한 것입니다.

그리고, '이건 자연의 산물이고 우연의 결과'라고 말합니다. 여러분은 그 사람을 합리적이라거나 과학적이라고 생각하지는 않을 것입니다. 이것은 믿음에 근거한 확신입니다. 그렇게 믿기로 한 것입니다. 현실적으로 생각해 본다면 그렇게 믿는 사람은 많지 않을 것입니다. 이것은 누군가가 설계한 것입니다. 계획한 것입니다. 목적을 가지고 만든 것입니다. 이것들은 분명한 디자인의 결과입니다.

만약 이런 스마트폰 하나가 우연히 존재하는 것이 불가능하다고 생각할 수밖에 없다면 우리가 살아가는 자연 속에는 이것과 비교되지 않는 정교함과 복잡함과 세밀함을 가진 수십만, 수백만의 종들이 존재하고 있다는 것을 설명해야 합니다.

가장 자주 발견할 수 있는 개미와 비교해 보아도 그렇습니다. 이 전화기가 복잡할까? 아니면 개미 한 마리가 더 정교하고 복잡할까? 당연히 개미입니다. 비교할 수 없는 수준의 차이입니다. 전화기가 그냥 나올 수 없는데, 어떻게 개미는 그냥 나올 수 있습니까? 이것은 개미까지 가지 않아도 확인됩니다. 세포 하나도 인간은 만들어 낼 수 없습니다. 인간이 가진 모든 최신 기술들을 총동원해도 개미 한 마리를 만들어 낼 수 없을 뿐 아니라, 세포 하나도 어렵습니다.

아무것도 없는 무기물의 세계에서 생명이 있는 단세포가 우연히 출현했다는 것은 굉장한 믿음입니다. 다큐멘터리 영화인 〈Expelled〉는 창조와 지적 설계를 주장하는 학자들의 견해를 기존 과학계에서 받아들이지 않을 뿐 아니라 그들이 과학계에서 퇴출되는 문제점을 지적하는 작품입니다.

이 다큐멘터리의 끝부분에서 진행자인 벤 스타인(Ben Stein)과 인터뷰를 한 리처드 도킨스는 "세포를 어떻게 생각하느냐?"라는 질문에 '우주(Universe)'라고 답했습니다. 그리고, "그 세포가 우연히 만들어질 수 있느냐?"라는 질문에는 "대답을 할 수 없다."라고 말했습니다.

과학은 꼭 필요한 영역이고 학문입니다. 그러나, 과학을 진리라고 말하지는 않습니다. 과학은 가장 객관적인 학문이지만, 동시에 상대적이기도 하고, 가장 논리적이지만 또한 가장 직관적이기도 합니다. 과학은 결과가 뒤바뀌고, 다른 이론으로 기존의 이론을 대신하는 일들이 일어나기도 하는 변화무쌍한 영역이기도 합니다. 우리가 살아가는 세상의 실재를 찾아가는 여정이지만, 과학 자체가 절대성을 보장하지는 않습니다.

　그렇다고, 과학이 없이 신앙만 있으면 다 된다고 할 수도 없습니다. 믿음과 이성은 하나님께서 우리에게 주신 두 개의 눈과 같습니다. 모두 다 자신의 사명과 역할이 있습니다. 세상을 온전하게 이해하기 위해서는 과학과 신앙, 이성과 성경이 함께 있어야 합니다. 죄로 인해서 두 눈이 모두 어두워진 가운데, 예수 그리스도의 복음은 우리를 우상으로부터 일깨워 창조주 하나님께로 인도해 주셨고, 동시에 과학과 이성의 각성을 또한 허락해 주었습니다.

　우리가 온전히 보기 위해서는 우리의 믿음의 눈이 회복되어야 하는 것과 마찬가지로 과학적인 시력 또한 회복해야 합니다. 이 중에서 서구 사회는 한쪽만 지나치게 높은 도수의 안경을 쓰고 반대쪽 렌즈는 제거해 버림으로 세상을 제대로 보는 두 개의 눈을 회복해 가는 것이 아니라, 하나의 눈으로만 세상을 바라보는 쪽을 택했습니다.

　우리는 믿음과 이성, 성경과 과학이 다른 영역을 다루지만 이것들 중에 하나를 선택하려고 시도할 필요가 없습니다. 과학이 할 수 있는 것이 있습니다. 동시에 믿음으로 보이는 것이 있습니다. 과학과 믿음은 서로에게 꼭 필요하고 서로의 약점과 부족을 채워 주는 가장 이상적인 배우자와 같은 것입니다.

　과학과 믿음은 다르다고 해서 원수가 될 필요가 없습니다. 이 둘은 함께 이 세상의 서로 다른 두 영역의 실재를 설명해 주는 서로에게 꼭 있어야 하는 것입니다. 자신이 맡은 영역을 감당해 나가면서 서로의 의견을 존중하고 보완하면 됩니다. 문제는 서로를 무시하거나 서로의 역할까지 대신하려고 하는 것입니다. 대신할 수 없는 것을 대신하려고 할 때, 그것은 내가 이기는 것이 아닙니다. 모두를 잃는 것입니다.

두 개로 양분된 이 안경을 다시 복구해서 온전한 시야를 회복해야 합니다. 그래야 하나님께서 지으신 피조세계와 하늘 위의 영적세계를 모두 온전하게 볼 수 있습니다.

두 개의 관점을 모두 가지고 세상을 통합적인 시각으로 바라보고 완전케 하는 것은 세상을 창조할 때부터 하나님께서 가지고 계셨던 계획이었습니다.

하나님께서는 세상을 창조하시고, 사람들을 지으시고 나서, 하나님을 예배하고, 하나님과 교제하고, 하나님의 자녀로 이 땅을 살아가는 법을 가르쳐 주셨습니다. 믿음의 눈을 열어 주시고 우리의 시선이 하나님을 향할 수 있도록 눈을 맞춰 주셨습니다.

또한 하나님께서는 그 사람들에게 땀을 흘려 노동하며 일하는 법과 계획을 하고 실행을 해서 관리하는 법, 그리고 자신들의 지성을 사용해서 동식물의 특징을 발견해 이름 짓는 일을 하게 하셨습니다. 하나님께서는 믿음과 과학적인 사고, 신앙과 이성적인 활동이 함께 이루어지는 인간을 지으신 것입니다. 그뿐 아니라, 거기에 공동체적인 사회를 주셔서 인간의 존재가 단편적이고 천편일률적이지 않고 다양한 영역과 분야에서 전인적이며 총체적으로 살아가도록 지으신 것을 보여 주셨습니다.

영적인 예배와 땀을 흘리는 노동이 모두 하나님의 일이었습니다. 하나님과 교제하는 것이나 아내와 화목하게 지내는 것이 같은 것이었습니다. 하나님께는 두 개의 영역이 별개가 아닙니다. 하나님께는 이 두 가지 모두가 이 세상을 이루는 데 없어서는 안 되는 필수 불가결한 것들이었습니다.

그러나, 역사는 계속해서 이 둘 중에 하나를 선택하는 우를 범하고 있습니다. 어떤 시대는 믿음의 이름으로 과학과 합리성이라는 렌즈를 제거해 버렸습니다. 어떤 시대는 과학과 합리성이라는 렌즈만을 남기고 영적인 세계를 보는 믿음과 성경이라는 렌즈를 제거해 버렸습니다. 양쪽 모두 하나님께서 주신 두 개의 눈, 예수 그리스도 안에서 회복된 두 개의 렌즈 중에서 한쪽만 가지고 살아가는 편향된 선택을 한 것입니다.

우리는 그리스도인들이 비합리적인 사람들이라는 말을 종종 듣습니다. 그러나, 합리적인 것과 비합리적인 것은 무신론이냐, 유신론이냐의 문제는 아닙니다. 없다고 말하는 것은 옳고, 있다고 말하는 것을 그르다는 식의 논리는 어불성설입니다.

리처드 도킨스가 쓴 책 중에 《만들어진 신》이 있습니다. 그 책에는 이런 내용이 나옵니다. '기독교 신앙은 토성의 띠를 이루고 있는 수천조 개의 얼음 조각 중에 차이니즈 티 팟(Chinese Tea Pot)이 하나 있다고 믿는 것과 같은 것이다.' 그가 가지고 있는 믿음에 대한 피상성과 어리석음을 잘 보여 주고 있는 내용입니다. 기독교 신앙은 그런 신앙이 아닙니다. 기독교 신앙은 역사적이고, 언약이 역사 속에서 성취되어 가는 구체적인 과정과 결과들이 있는 것입니다.

그가 말하는 것은 기독교 신앙이 아닙니다. 그가 믿음이라고 알고 있는 것은 성경적인 믿음이 아니라, '신념'이라고 하는 것입니다. 거짓을 설정하고 그것이 있다고 믿는 것에 불과한 것입니다. 구약의 성도들부터 신약의 성도들에게까지 우리가 하나님 앞에 신실하게 살아갈 수 있는 이유는 알 수 없는 미지의 것에 대한 믿음이 아닙니다.

분명하고 부인할 수 없는 하나님의 존재와 계시, 하나님의 말씀에 신실하게 일하시고 구원의 일을 이루어 가시는 하나님의 성품에 대한 신뢰입니다.

과학은 세상의 질서와 원리를 탐구해 가는 탐구 과정입니다. 기독교는 과학을 존중합니다. 기독교는 과학의 영역을 인정합니다. 과학은 하나님께서 창조하신 인간과 세상의 질서와 법칙을 발견해 가는 과정입니다.

하나님은 질서의 하나님이십니다. 하나님은 체계적이시고 조직적이신 분입니다. 우리가 살아가는 이 세상이 그것을 보여 줍니다. 기독교는 초과학적인 내용들이 있다는 것을 인정합니다. 그러나 그것이 과학을 인정하지 않는 것이 아닙니다. 과학의 법칙을 넘어서 일하시는 하나님을 인정하는 것입니다.

창조와 진화의 차이는 과학적인가 비과학적인가의 차이가 아니라, 하나님을 인정하는 과학과 하나님을 거절하는 과학의 차이입니다. 기독교가 들어간 나라들마다 과학이 발전합니다. 대학이 세워지고 많은 과학자들과 천문학자들이 그리스도인입니다. 오히려 미시의 세계로 가고, 거시의 세계로 눈을 돌리면 돌릴수록 그 정교함과 아름다움과 숨이 멎을 듯한 신비함에 창조의 하나님을 믿고 인정하지 않을 수 없는 가능성이 커집니다.

과학과 신앙, 이성과 계시는 싸워야 할 적이 아닙니다. 모두를 인정하고 받아들여야 하는 것입니다. 그래야 우리는 세상을 온전하게 볼 수 있습니다. 세상의 진실에 대해서 전체를 볼 수 있는 안목을 갖게 됩니다. 이것이 세상의 실체를 발견해 가도록 우리에게 주신 하나님의 안경입니다.

얼마 전에 한 자매가 질문을 했습니다. 영화에서 보았는데, "하나님께서 들어올릴 수 없는 돌을 만드실 수가 있습니까?"라고. 질문이 너무 재미가 있어서 집에 가서 아들들에게 물었습니다. 그랬더니 한 아들이 이렇게 자기 생각을 말해 주었습니다. "하나님은 만들 수도 있고 들어올릴 수도 있다."라고. 때로는 가볍게, 때로는 진지하게, 때로는 지나가면서 때로는 심도 깊게, 세상은 대화를 원하고, 진리를 필요로 하고, 길을 찾고 있습니다.

교회는 성벽을 쌓은 벽돌들을 풀어서 세상으로 가는 문을 만들고 길을 만들어야 합니다. 사회의 대화들을 이해하고 그들의 눈높이에서 그들의 방식으로 대화하는 것들을 연습해 가는 것은 교회가 이 시대에 겸손을 회복하는 길이고, 복음의 증인으로 다시 서는 길이며, 주님께서 주신 교회를 주님의 뜻 안에 세워 가는 과정이라고 믿습니다.

모든 교회와 성도들마다, 진리를 찾아가는 구도자들을 환영하고 도울 수 있기를 바랍니다. 믿음의 길은 좁고 불편한 길이 아닙니다. 가장 넓고 편안한 길입니다. 다만 하나의 렌즈에 시력이 맞춰져서 예수께 나와 두 개의 렌즈를 가진 안경을 새롭게 맞추려고 하지 않기 때문입니다. 포기하지 않고 끝까지 사랑으로 이 시대 안에 살아가길 기도합니다.

네 번째 만남,
왜 꼭 예수님이셔야 하는가?

　믿음은 이성을 사용해서 이해하고 논리적으로 정리할 수 있습니다. 그러나, 믿음은 또한 이성을 초월하고 논리를 뛰어넘는 것입니다. 논리로 다 담을 수 없는 영역이 있습니다. 하나님께서 주권적으로 행하시는 모든 일을 우리가 다 알 수 없습니다. 우리의 논리로 설명할 수도 없습니다.

　이것은 논리의 범주를 벗어나는 것입니다. 초논리의 영역이고, 초현실의 영역입니다. 우리는 그것을 신비라고 부릅니다. 이것이 하나님과 우리의 간격을 만들어 냅니다. 하나님의 초월적 영역은 접근할 수 없습니다. 그러나, 하나님께서는 우리에게 꼭 필요한 것은 우리가 알 수 있도록 밝히 보여 주셨습니다.

　우리의 구원을 예로 들어 보면 이해가 쉬울 것입니다. 우리의 구원에 있어서 하나님께서 하실 수밖에 없는 일이 있습니다. 하나님은 그 일을 모든 사람들이 알 수 있는 방식으로 설명해 주셨습니다. 하나님께서 우리를 위해서 행하시는 일을 제한된 인간의 언어로 쉽게 설명해 주셨습니다. 논리로 다 설명할 수 없는 하나님의 모략을 인간의 언어로 풀어 주신 대표적인 예가 니고데모와의 대화일 것입니다.

1. 위로부터 난 사람

니고데모와 예수님의 대화가 기록된 요한복음 3장의 이야기는 니고데모가 예수님을 찾아옴으로 시작됩니다. 예수님의 비범함과 특출남을 간파한 니고데모는 밤 늦은 시간에 예수님을 찾아옵니다. 그가 와서 예수님께 건넨 말은 요한복음 3장 2절에 언급됩니다.

요한복음 3:2

그가 밤에 예수께 와서 이르되 랍비여 우리가 당신은 하나님께로부터 오신 선생인 줄 아나이다 하나님이 함께 하시지 아니하시면 당신이 행하시는 이 표적을 아무도 할 수 없음이니이다

니고데모가 예수님을 특별하게 본 이유는 그분께서 행하시는 일이었습니다. 예수님께서는 성경에 기록된 일을 하고 계셨습니다.

이사야 35:4-6

겁내는 자들에게 이르기를 굳세어라, 두려워하지 말라, 보라 너희 하나님이 오사 보복하시며 갚아 주실 것이라 하나님이 오사 너희를 구하시리라 하라, 그 때에 맹인의 눈이 밝을 것이며 못 듣는 사람의 귀가 열릴 것이며, 그 때에 저는 자는 사슴 같이 뛸 것이며 말 못하는 자의 혀는 노래하리니 이는 광야에서 물이 솟겠고 사막에서 시내가 흐를 것임이라

예수님은 여호와께서 친히 오셔서 하나님 나라를 이 땅에 회복하시겠다고 약속하신 이사야서 35장의 예언을 친히 행하고 있었습니다.

예수님의 일하심을 보고 들은 니고데모는 설레는 가슴을 주체하지 못했습니다. 그가 밤에 찾아온 이유는 다른 사람들이 볼 것을 염려해 서일 수도 있지만, 뛰는 가슴을 주체하지 못해 내일까지 기다리지 못 하고 달려 나온 것일 수도 있습니다.

니고데모의 기대가 단순한 추측이 아닌 것은 예수님께서 세례요한 의 제자들이 찾아왔을 때 이미 그렇다고 대답을 하셨다는 것입니다. 오실 그이가 당신이신지 묻는 질문에 예수님은 이렇게 대답하셨습 니다.

마태복음 11:4-5

예수께서 대답하여 이르시되 너희가 가서 듣고 보는 것을 요한에게 알리되, 맹인 이 보며 못 걷는 사람이 걸으며 나병환자가 깨끗함을 받으며 못 듣는 자가 들으며 죽 은 자가 살아나며 가난한 자에게 복음이 전파된다 하라

예수님은 하나님의 구원과 하나님 나라의 회복을 지금 행하고 있 음을 이사야서의 말씀을 통해서 '맞다.'고 대답해 주셨습니다. 구약의 율법 속에 있던 글자가 현실에 실현되고 있었습니다. 어제의 약속이 오늘 이루어지고 있습니다.

그리고, 그 일을 하고 계시는 예수님께 묻습니다. "누가 당신이 회 복하시는 그 하나님의 나라에 들어갈 수 있겠습니까?" 그 질문에 대 한 예수님의 답변이 바로 3절입니다.

요한복음 3:3

예수께서 대답하여 이르시되 진실로 진실로 네게 이르노니 사람이 거듭나지 아니 하면 하나님의 나라를 볼 수 없느니라

예수님은 하나님 나라에 들어가는 조건이 거듭나는 것이라고 하셨습니다. 이 이야기가 니고데모에게는 이해하기 어려웠나 봅니다. 그는 생각하는 시간이 필요했습니다.

예수께서 말씀하신 '사람이 다시 태어나야 한다.'라는 개념이 니고데모의 이성 체계 안에서는 이해가 되지 않았습니다. 그래서 예수께 다시 묻습니다.

요한복음 3:4

니고데모가 이르되 사람이 늙으면 어떻게 날 수 있사옵나이까 두 번째 모태에 들어갔다가 날 수 있사옵나이까

"어떻게 한 번 더 태어날 수가 있을까?" 예수님의 말대로라면 노년인 자신이 하나님의 나라에 들어가기 위해서는 어머니의 자궁 속에 한 번 더 들어갔다 와야 하는데, "그런 일이 어떻게 일어날 수 있겠습니까?" 그 일은 일어날 수 없는 일입니다. 이해 불가입니다.

여기에서 그의 세계관을 엿볼 수 있습니다. 그는 유대인의 지도자로 랍비이면서 이스라엘의 율법교사였습니다. 그런 그의 사고의 틀은 경험적입니다. 그가 보는 세계는 현실적인 물질 세계입니다. 그의 사고의 확장은 이성이라는 한계 속에서 이루어졌습니다. 그는 세상을 과학적인 원리와 경험적인 사고의 틀 안에서 보고 있습니다.

그리고 예수님은 혼란스러워하는 그에게 거듭나는 것에 대해서 설명해 주셨습니다.

요한복음 3:5-7

예수께서 대답하시되 진실로 진실로 네게 이르노니 사람이 물과 성령으로 나지

아니하면 하나님의 나라에 들어갈 수 없느니라, 육으로 난 것은 육이요 영으로 난 것은 영이니, 내가 네게 거듭나야 하겠다 하는 말을 놀랍게 여기지 말라

하나님 나라에 들어가기 위한 거듭남은 물과 성령으로 나는 것입니다. 여기에서 물은 세례를 연상시킵니다. 세례는 물속에 들어갔다가 나오는 예식을 통해서 그리스도와 함께 죄에 대해서 죽고, 부활의 생명으로 다시 살았음을 공동체 앞에서 고백하고 선언하는 것입니다. 예수 안에서 죄의 권세는 죽고 새 생명을 가진 새로운 피조물이 되었습니다. 로마서에는 세례에 담긴 이런 의미가 잘 함축되어 표현되고 있습니다.

로마서 6:3-5

무릇 그리스도 예수와 합하여 세례를 받은 우리는 그의 죽으심과 합하여 세례를 받은 줄을 알지 못하느냐, 그러므로 우리가 그의 죽으심과 합하여 세례를 받음으로 그와 함께 장사되었나니 이는 아버지의 영광으로 말미암아 그리스도를 죽은 자 가운데서 살리심과 같이 우리로 또한 새 생명 가운데서 행하게 하려 함이라, 만일 우리가 그의 죽으심과 같은 모양으로 연합한 자가 되었으면 또한 그의 부활과 같은 모양으로 연합한 자도 되리라

세례는 물에 들어가는 것과 나오는 것으로 구성이 됩니다. 물에 들어가는 것은 죽음을 의미합니다. 물에 빠져서 과거의 나는, 죄에 사로잡혀 살던 나는, 하나님을 대적하는 나는 예수와 함께 죽었습니다. 그리고 올라오는 것은 새롭게 산 것입니다. 새 생명을 얻었습니다. 죄인은 죽고 하나님을 경외하고 하나님을 아버지라고 부르는 하나님의 자녀로 죄와 죽음을 이긴 부활의 권세로 새롭게 태어납니다.

물에 이어서 나오는 성령은 우리를 예수께로 인도하시는 분입니다. 우리가 예수의 복음을 들을 때 깨닫게 하시는 분입니다. 성령으로 예수를 주시라고 고백할 수 있습니다. 우리가 받은 구원의 보증이 되시는 분입니다. 성령께서 죄에 대해서, 하나님의 뜻에 대해서, 그리고 그리스도의 다시 오심에 대해서 증언하십니다. 하나님의 자녀들이 그리스도안에서 약속된 모든 것을 이 땅에서 누리도록 하시는 분입니다.

본문에 나오는 물과 성령이 따로 기록되어서 무엇인가 다른 두 가지 혹은 두 단계를 생각하기 쉬운데, 이 둘은 별개의 개념이 아닙니다. 모두 예수님께 연결되는 단어입니다. 즉, 우리가 어떻게 다시 날 수 있는가? 거듭난다는 것은 예수 그리스도로 말미암아 '다시 태어나는 것'입니다.

요한복음 3:6-7

육으로 난 것은 육이요 영으로 난 것은 영이니, 내가 네게 거듭나야 하겠다 하는 말을 놀랍게 여기지 말라

예수님은 니고데모에게 거듭나야 하겠다는 말을 놀랍게 여기지 말라고 합니다. 거듭남은 우리에게 신적 능력을 요구하시는 하나님의 아이디어가 아닙니다. 예수께서 친히 그 일을 이루실 것입니다. 예수님은 니고데모만이 아니라 우리가 거듭나도록 하기 위해서 위로부터 오신 분입니다.

요한은 예수께서 위로부터 오신 분이신 것을 강조해서 기록합니다.

요한복음 3:13

하늘에서 내려온 자 곧 인자 외에는 하늘에 올라간 자가 없느니라

예수님은 하늘에서, 위에서부터 오신 분입니다.

요한복음 3:27

요한이 대답하여 이르되 만일 하늘에서 주신 바 아니면 사람이 아무 것도 받을 수 없느니라

하늘에서 오신 예수님께서 우리에게 영생을 주시고, 하나님 나라에서의 새로운 생명, 새로운 삶, 새로운 신분을 주십니다. 그리고, 요한은 3장에서 이렇게 마무리를 합니다.

요한복음 3:31-36

위로부터 오시는 이는 만물 위에 계시고 땅에서 난 이는 땅에 속하여 땅에 속한 것을 말하느니라 하늘로부터 오시는 이는 만물 위에 계시나니, 그가 친히 보고 들은 것을 증언하되 그의 증언을 받는 자가 없도다, 그의 증언을 받는 자는 하나님이 참되시다는 것을 인쳤느니라 하나님이 보내신 이는 하나님의 말씀을 하나니 이는 하나님이 성령을 한량 없이 주심이니라, 아버지께서 아들을 사랑하사 만물을 다 그의 손에 주셨으니, 아들을 믿는 자에게는 영생이 있고 아들에게 순종하지 아니하는 자는 영생을 보지 못하고 도리어 하나님의 진노가 그 위에 머물러 있느니라

예수는 하늘에서 오신 창조주이시고, 사람의 모습으로 오신 하나님의 아들이십니다. 바로 그 하나님의 아들에게 영생이 있습니다. 그 아들에게 죄사함이 있습니다. 그 아들에게 새로운 삶이 있습니다. 예수는 우리를 하나님 나라에 들어가게 하시는 분입니다. 우리에게 새로운 생명, 새로운 삶을 주시기 위해 위로부터 오신 분입니다.

예수님께서 말씀하신 '거듭남'은 '위로부터' 나는 것입니다. 위로부

터 오신 분으로 나는 것입니다. 위로부터 오신 예수님으로 다시 태어나는 것입니다.

우리는 결과적으로 이것을 알게 되었지만, 예수께서 사용하신 헬라어 단어 안에는 이미 그 의미가 함축되어 있었습니다. '다시'라는 의미를 가진 헬라어 단어 '아노텐'은 몇 가지의 의미를 가집니다. 그중 가장 많이 사용되는 용례 두 가지가 '다시'와 '위로부터'입니다.

예수님에게 거듭나는 것은 처음부터 위로부터 나는 것이었습니다. 니고데모가 위로부터 나는 것이 무엇인지 알지 못했기에 다시 나는 것만을 생각한 것입니다. 예수님은 한 단어로 두 가지를 의미를 모두 생각하시고 말씀하신 것입니다. 거듭나는 것은 위로부터 오신 예수로 말미암아 하나님의 자녀로 다시 태어나는 것입니다.

요한복음 1:9-14

참 빛 곧 세상에 와서 각 사람에게 비추는 빛이 있었나니, 그가 세상에 계셨으며 세상은 그로 말미암아 지은 바 되었으되 세상이 그를 알지 못하였고, 자기 땅에 오매 자기 백성이 영접하지 아니하였으나, 영접하는 자 곧 그 이름을 믿는 자들에게는 하나님의 자녀가 되는 권세를 주셨으니, 이는 혈통으로나 육정으로나 사람의 뜻으로 나지 아니하고 오직 하나님께로부터 난 자들이니라, 말씀이 육신이 되어 우리 가운데 거하시매 우리가 그의 영광을 보니 아버지의 독생자의 영광이요 은혜와 진리가 충만하더라

이미 요한은 하늘에서 이 땅에 오신 분을 소개합니다. 세상이 그분을 알지 못하지만, 그분은 하나님이시고, 하나님과 함께 계셨고, 이 땅과 우주를 창조하셨고, 우리를 구원하기 위해서 오셨습니다. 두 번

째 나는 것은 예수를 영접하고, 하나님의 구원의 선물을 받는 것입니다.

요한복음 1:12

영접하는 자 곧 그 이름을 믿는 자들에게는 하나님의 자녀가 되는 권세를 주셨으니

이것이 하나님의 자녀가 되어 하나님 나라의 백성이 되는 길입니다. 예수님을 영접해서 거듭나는 것이 위에 계신 하나님으로 새롭게 태어나는 것입니다. 니고데모의 앞에 바로 그 구원의 길이 함께하고 계셨습니다. 구원의 길은 우리를 위해서 오신 예수님 자신이십니다.

2. 믿음은 역사입니다

요한복음 3:16

하나님이 세상을 이처럼 사랑하사 독생자를 주셨으니 이는 저를 믿는 자마다 멸망하지 않고 영생을 얻게 하려 하심이니라

믿음은 예수님을 믿는 것입니다. 하나님께서 우리에게 주시는 하나님 나라의 백성이 될 수 있는 자격의 중심에는 예수 그리스도와 그분께서 행하신 사역이 있습니다. 다른 것으로 얻을 수 있는 것이 아닙니다. 오직 예수 그리스도로만 가능합니다. 그분을 신뢰하고 믿는 것입니다.

요한복음 1:13

이는 혈통으로나 육정으로나 사람의 뜻으로 나지 아니하고 오직 하나님께로부터

난 자들이니라

혈통도 아니고, 육정도 아니고, 사람의 뜻도 아닙니다. 이것은 사람에게서 나올 수 있는 것이 아닙니다. 예수 그리스도를 믿음으로만 얻을 수 있는 것입니다. 예수를 믿는 자들이 하나님께로부터 난 자들입니다. 이것은 같은 의미입니다. 예수님의 자리를 대신할 수 있는 것은 없습니다.

이것은 우리의 구원을 말할 때 너무 중요합니다. 예수님을 믿어야 구원받음을 알지만 때때로 예수님보다 더 앞에 있거나 혹은 예수님처럼 중요하게 여기는 것들이 있습니다.

가장 쉽게는 믿음을 생각할 때 감정을 앞에 두기 쉽습니다. 감정이 뜨거우면, 믿음이 좋은 것이고 감정이 메마르거나 감정적인 흥분이 없으면 열등하게 느끼고 구원의 확신도 잃어버린 것처럼 여깁니다.

그러나, 감정, 체험, 느낌은 구원의 기초가 아닙니다. 감정은 있기도 하고, 없기도 한 것입니다. 감정은 왜곡되기도 하고, 상대적이기도 합니다. 물론, 믿음에는 감정이 따릅니다. 감사도 감격도 감동도 수반됩니다. 그러나, 그것은 구원의 과정이자 결과의 산물이지 감정 자체가 구원의 기초나 확신의 근거는 아닙니다.

어떤 사람들은 내 믿음의 강도 때문에 확신을 갖는 경우도 있습니다. '내'가 이렇게 '잘' 믿으니까, 구원을 받았고, 하나님의 자녀가 된 것입니다. 이 말은 물론 맞는 측면이 있지만, 확신의 근거를 예수 그리스도를 신뢰하는 믿음이 아니라 자기확신에 두는 것일 수도 있습니다. 이 정도의 믿음을 가지고 있는 '나'를 신뢰하는 것입니다. 믿음에 대한 나의 의지와 각오를 신뢰합니다.

　이것은 성경이 말하는 믿음이 아닙니다. 예수 그리스도를 신뢰하는 자들에게 구원의 확신이 따르는 것은 마땅한 것입니다. 그러나, 나의 확신이 예수 그리스도께 기초해 있지 않다면 그 확신은 구원의 증거가 아닙니다. 무엇을 믿든 관계없이 확신 자체가 구원의 증거가 아닌 것은 이단들이나 다른 것을 믿는 사람의 열정이나 의지 또한 확고할 수 있기 때문입니다. 그래서, 확신 그 자체가 구원의 기초가 될 수는 없습니다. 구원의 기초는 감정도, 자기확신도 아닙니다. 구원의 기초는 예수 그리스도입니다.

　이것을 잘 표현한 것이 아래의 기차 그림입니다. 이 기차그림은 빌 브라이트 박사가 구원의 기초를 설명하기 위해서 《사영리》에서 소개한 것으로, 구원의 근거가 무엇인지를 간략하지만 명쾌하게 설명해 줍니다.

우리의 구원과 하나님의 나라의 회복의 출발점은 하나님의 말씀을 온전히 성취하신 예수 그리스도의 복음입니다. 그것을 확신하고 믿고 신뢰하는 것이 믿음입니다. 복음을 깨달을 때 하나님의 사랑과 용납, 우리에게 주신 풍성하신 긍휼과 은혜로 감정적인 반응과 느낌이 따라오게 되는 것입니다.

단지 한순간의 느낌이 아니라, 우리의 모든 감정덩어리들과 정서 시스템이 반응하게 됩니다. 인격적인 반응과 양심의 반응이 일어나게 됩니다. 그래서, 하나님의 진리의 말씀을 깨달을 때 확신을 갖고 분명한 믿음을 고백하고 기쁨과 감격 가운데 살아갑니다.

이렇게 기독교 신앙은 감정이나 나의 신념에서부터 출발하지 않습니다. 둘 다 주관적이고 상대적인 영역입니다. 그것은 모래 위에 집을 짓는 것입니다. 나의 감정과 확신은 언제 바뀔지 모르는 것들입니다. 기독교 신앙의 흔들리지 않는 기초는 성삼위일체 하나님과 하나님께서 행하신 역사적인 사건입니다. 우리의 믿음은 하나님께서 하신 일을 믿고 신뢰하는 것입니다.

그것이 우리의 믿음과 감정까지 끌어가는 기관차가 됩니다. 하나님과 하나님께서 행하신 일은 누구도 바꿀 수 없습니다. 누구도 흔들 수 없습니다. 흔들리지 않습니다. 심지어는 인정하는가, 인정하지 않는가도 중요한 것이 아닙니다. 하나님의 성품과 하나님께서 행하신 역사적인 사건은 누군가 그것을 믿든 안 믿든 그것에 따라서 사실관계가 달라지는 일은 없습니다. 그 사실에 대한 반응이 이 하나님의 역사에 어떤 영향도 미치지 못합니다.

창조와 인간의 범죄, 하나님의 구원의 언약과 그 언약의 말씀을 성취하신 예수님, 그분의 교회, 교회 안에 임재하시고 교회를 통해 일하시는 성령님, 그리고 다시 오실 예수 그리스도로 완성되는 하나님의 구원 계획은 지금도 역사 속에 일어나고 있는 실제입니다.

3. 믿음은 계시입니다

감사한 것은 하나님께서 구원의 이유를 우리에게 찾거나 스스로 만들어 내라고 하지 않으셨다는 것입니다. 우리에게 있는 어떤 것을 근거로 하지 않으시고, 우리에게 공로나 행위를 먼저 요구하지 않으셨습니다. 오히려 믿음은 하나님께서 자신을 스스로 드러내셨기 때문에 가능한 것입니다.

기독교 신앙이 다른 종교들과 가장 큰 차이점들 중의 하나는 하나님께서 스스로에 대해서, 구원의 방식에 대해서 친히 알려 주신 것입니다. 우리는 이것을 계시라고 합니다.

때로는 꿈으로, 때로는 음성으로, 때로는 임재로, 때로는 체험으로, 때로는 선지자들을 통해서 보여 주시고 들려주셨습니다. 때가 차매 역사 속에 사람으로 오시어 우리를 위해서 친히 언약을 성취하시며 일하시는 모습을 나타내 보여 주셨습니다. 다양한 저자들을 통해서 선지자들과 사도들을 통해서 전해 주신 복음을 우리에게까지 알려 주셨습니다.

이 계시의 중심에는 성경이 있습니다. 성경은 약 40여 명의 저자들이 기록을 했습니다. 이 성경은 1,600년 가까운 시간 동안에 기록이 되었습니다. 그런데, 거기에는 놀라운 공통점들이 있습니다. 내용이 하나의 커다란 이야기를 드러냅니다. 하나님의 나라의 회복과 완성이라는 구체적인 통일성이 있습니다.

하나님께서 이 세상을 창조하시고, 인간이 타락하고 하나님께서 인간을 하나님 나라의 백성으로 다시 구원하시기 위해서 행하시는 일들이 기록되어 있습니다. 창세기부터 계시록까지 일관되게 흐르는 이야기가 기록되어 있습니다. 다른 시대에, 다른 장소에서 다른 사람들에 의해서 기록된 성경이 같은 내용의 흐름을 가지고 있는 것은 기적과 같은 일입니다.

마치 한 사람이 준비한 구성을 따라서 각자가 나누어서 기록했다고 할 만큼 일관된 내용의 통일성을 가지고 있습니다. 에덴의 창조로 시작된 성경은 새 에덴의 영원한 회복으로 마무리됩니다. 사단으로 시작된 죄의 역사가 사단의 심판과 함께 영원히 종결됩니다. 세상을 창조하신 하나님께서 새로운 세상을 재창조하시고, 그것을 완성하십니다. 성경에 흐르는 일관성을 설명하는 단어가 디모데후서에 나오는 '하나님의 감동'입니다.

디모데후서 4:15-16

모든 성경은 하나님의 감동으로 된 것으로 교훈과 책망과 바르게 함과 의로 교육하기에 유익하니, 이는 하나님의 사람으로 온전하게 하며 모든 선한 일을 행할 능력을 갖추게 하려 함이라

하나님께서는 사도나 선지자들 혹은 그들과 상응하는 영적인 권위

를 가진 사람들을 감동하셔서 하나님의 말씀인 성경을 기록하게 하셨습니다. 이것이 성경의 권위, 즉 하나님의 말씀으로서의 권위를 갖게 하는 인간적인 이유 중의 하나입니다.

각 시대에 존재했던 하나님의 종들의 손을 통해서 성경은 기록되었습니다. 그러나, 성경은 거기에 하나님의 감동이 있었음을 말씀합니다. 성경은 인간 저자들의 손으로 기록되었지만 하나님의 감동으로 기록된 하나님의 거룩한 책입니다. 그래서, 성경은 인간 저자들에 의해서 기록되지만, 하나님의 계시를 드러냅니다.

그리고, 하나님의 계시인 성경은 예수 그리스도를 통해서 모든 내용이 성취되어 눈으로 볼 수 있고, 만날 수 있고, 만질 수 있는 실체로 이 땅에 나타났습니다.

요한복음 5:39

너희가 성경에서 영생을 얻는 줄 생각하고 성경을 연구하거니와 이 성경이 곧 내게 대하여 증언하는 것이니라

성경에 기록된 모든 것은 예수님을 예언한 것이라고 말합니다. 하나님의 계시의 집대성은 예수님입니다. 예수님은 역사 속에 드러난 하나님의 계시의 절정입니다. 기독교의 믿음은 이론이나 신학이 아닙니다. 기독교는 예수님께서 전부라고 할 수 있습니다.

구약은 오실 예수 그리스도를 담고 있고, 신약은 오신 예수 그리스도를 증거하고 있는 예수 그리스도에 대한 책입니다. 우리가 믿음을 가지고 있는 그리스도인이라면 우리가 믿는 대상은 한 분으로 집약

됩니다. 우리는 예수님을 믿는 것입니다. 존 스토트가 《기독교의 기본진리》에서 하는 말처럼 '기독교는 그리스도입니다.'

그래서, 예수님을 본 사람들은 하나님을 보는 영광을 보았고, 하늘의 은혜와 진리가 충만한 분을 만났다고 합니다. 그분 안에서 하나님의 영광과 은혜, 진리를 본 것입니다.

요한복음 1:14

말씀이 육신이 되어 우리 가운데 거하시매 우리가 그의 영광을 보니 아버지의 독생자의 영광이요 은혜와 진리가 충만하더라

4. 오직 예수님이어야 합니다

우리가 믿는 복음과 성경은 진리이신 예수 그리스도에 대한 내용이기 때문에 결과적으로 기독교는 배타적으로 보입니다. 그래서, 사회와의 관계를 더 중요하게 생각하는 사람들은 다른 종교를 인정해야 한다고 말하기도 하고, 반대로 진리를 더 중요하게 생각하는 사람들은 거절 각을 세우기도 합니다.

그래서, 지혜가 필요합니다. 이 부분에 대해서는 뒷장에서 더 다루겠지만, 다른 종교를 무조건 비판하거나 책망하지는 않아야 합니다. 우리의 이웃으로 인정해야 합니다. 친구가 되어야 합니다. 이런 다양성의 시대에 함께 공존해야 합니다. 오늘날 복음증거는 그런 토양에서 이루어질 수 있습니다.

그러나, 복음을 전하는 것은 갈등을 만들고 위기를 초래할 수밖에

없습니다. 우리가 살아가는 도시에서도 그렇지만, 어떤 나라와 민족 안에서는 그런 일들이 극단적으로 일어납니다.

여기에 우리의 고민이 있습니다. 어떤 분들은 복음을 받아들이면 가정적인 어려움뿐 아니라 사회적인 불이익을 당하고 생명의 위협까지 감수해야 합니다. 간신히 만들어져 있는 그 사회의 아슬아슬한 균형이 깨질 때도 있습니다.

그때 우리에게 찾아드는 질문이 있습니다. 그런 상황에 있는 사람들에게도 "복음을 전해야 하는가?" 여러분의 생각은 어떠신가요? 고난받는 국가나 환경에도 복음을 전해야 할까요? 왜 그래야 할까요?

필자는 레바논에서 한 시리아 형제를 만났습니다. 시리아 내전이 발발하고 나서 자신의 공장에 폭탄이 떨어지고, 자신의 가족이 살고 있는 동네에까지 미사일이 떨어지기 시작을 했습니다. 하는 수 없이 모든 것을 다 포기하고 야밤에 아내와 어린 자녀들과 국경에 있는 산을 넘었습니다. 그리고 레바논에 피난을 와서 난민이 되었습니다.

그 형제의 가족은 모든 것을 잃었습니다. 유엔에서 나눠 준 텐트에서 살고, 유엔의 원조가 모든 것입니다. 열악한 난민촌에서 하루하루를 살고 있었습니다. 그 형제는 레바논에 와서 선교사님의 사역으로 예수님을 만나게 되었습니다. 그리고 같은 종교적 배경에서 예수님을 만난 다른 형제자매들과 교회를 이루게 되었습니다. 그 형제는 자신이 만난 예수님에 대한 놀라운 이야기를 들려주었습니다.

"내가 시리아의 내전 때문에 모든 것을 잃었지만, 나는 그것 때문에 예수님을 만났습니다. 예수님은 내가 모든 것을 잃어버린다 해도 반드시 만나야 하는 분입니다. 나는 다시 선택할 수 있다고 해도 예수를 선택할 것입니다."

'왜 그들에게 복음을 전해야 할까?'에 대한 일말의 고민이 남아있던 나에게 그 형제가 대답을 해 주었습니다. 예수님을 만나고 하나님의 자녀가 되고 하나님의 백성이 되는 것은 가장 중요한 것입니다. 그것은 세상이 줄 수 없는 것입니다. 세상에서 모든 것을 잃었다고 생각할 수 있지만, 그것은 하나님의 눈으로 볼 때에는 일부를 잃은 것입니다. 하나님 나라를 잃어버리는 것이 모든 것을 잃는 것입니다.

이 말은 고난당하는 사람들이나 그런 나라에 살고 있는 사람들에게만 해당되는 것은 아닙니다. 우리와 같이 서구권에 속하는 나라에 사는 사람들에게도 마찬가지입니다.

그들의 소유보다 소중하신 그리스도는 우리의 소유보다도 중요하신 분이십니다. 그들의 생명이나 가족이나 모든 사회적인 안전망보다 예수님이 중요하신 것처럼, 우리에게도 그렇습니다. 우리에게도 그들에게도 예수께서는 모든 것 되시고, 가장 중요한 분입니다. 그래서 우리는 어떤 대가를 지불하더라도 예수를 따르고, 예수 그리스도를 증거합니다. 우리가 예수를 따르는 것처럼 세상 모든 사람들이 예수를 따르기를 원합니다.

도대체 예수께서 어떤 분이시기에 그분을 모든 사람들에게 전해야 할까요? 왜 예수는 우리의 생명과 어떤 소유보다도 중요한 분이 되실 수 있을까요? 예수님은 자신을 소개할 때 이렇게 말씀하셨습니다.

요한복음 14:6

예수께서 이르시되 내가 곧 길이요 진리요 생명이니 나로 말미암지 않고는 아버지께로 올 자가 없느니라

예수님은 놀랍게도 자신을 길이요, 진리요, 생명이라고 하셨습니다. 예수님은 하나님께로 가는 길입니다. 예수님이 길이십니다. 예수님을 통해서 하나님께 갈 수 있습니다. 길은 다른 곳에 있지 않습니다. 예수님 그분께서 길이십니다. 예수님께로 가는 것이 하나님께로 가는 길입니다.

또한 예수님은 자신을 생명이라고 하셨습니다. 예수님 안에 있을 때 죽음의 권세가 무너지고 부활의 생명이 영원히 부어집니다. 예수 안에서 죄와 사망은 떠납니다. 하나님의 통치와 다스림 안에 살아가는 새로운 피조물로 변화됩니다. 예수 안에 있을 때 영생을 이미 얻었습니다. 예수님께서 우리의 생명이십니다.

예수님은 자신을 진리(The Truth)라고도 선언하셨습니다. 하나님께서 여러 선지자들을 통해서 기록하게 하신 하나님의 계시인 성경이 진리이고, 그 성경을 성취하시고 이 땅에 오신 예수님이 진리입니다. 예수님은 모든 사람들에게 진리입니다. 예수님의 메시지는 이 세상을 향한 진리입니다.

진리는 부분적인 것을 말할 때 쓰는 단어가 아닙니다. 진리는 하나의 이론을 말하는 것이 아닙니다. 진리는 하나의 아이디어나 생각이 아닙니다. 진리는 지역적인 것이 아닙니다. 진리는 어떤 문화권 안에서만 인정되는 것이 아닙니다. 진리는 어떤 시대에만 반짝하고 일어

나는 것이 아닙니다. 진리는 모든 문화권, 모든 시대, 모든 사람들, 모든 사상과 이론들을 뛰어넘는 것입니다. 모두에게 진리입니다.

진리는 진리이기 때문에 진리라고 부릅니다. 다른 사람들하고 사이를 좋게 하려고 진리가 아닌 것을 진리라고 부를 수는 없는 것입니다.

리 스트로벨이 편집한 《믿음사건(The Case for FAITH)》에 이런 표현이 있습니다. "진리는 비진리가 있기 때문에 진리라고 부른다. 비진리를 진리라고 인정하는 것은 비진리를 진리로 만드는 것이 될 수 없다. 모든 것을 진리라고 부르기 시작하면 비진리가 진리가 되는 것이 아니라, 진리가 비진리가 되는 것이다."

정확한 말입니다. 홍수가 났습니다. 깨끗한 물이 한 통 있습니다. 다 같은 물이니까 물을 한번 섞어 보자고 해서 물을 섞으면 그것은 모든 물이 다 깨끗해지는 것은 아닙니다. 모든 물이 다 더러운 물이 될 뿐입니다. 다른 사람들과 함께 잘 지내는 것과 진리를 진리라고 하고 비진리를 비진리라고 인정하는 것은 다른 것입니다.

우리의 사이를 좋게 하려고 비진리를 진리라고 할 수는 없습니다. 설령 그렇게 한다고 해서 비진리가 진리가 되는 일도 없습니다. 비진리는 비진리이고 진리는 진리입니다. 진리와 비진리는 변하는 것이 아닙니다.

그런 시도는 진리를 비진리로 만드는 일일 뿐입니다. 진리만이 진리입니다. 그래서, 기독교는 배타성을 인정합니다. 기독교는 포스트모더니즘이 추구하고 있는 종교다원주의를 인정하지 않습니다. 우리가 비진리를 진리로 인정한다고 비진리가 진리가 되지는 않습니다.

진리는 우리의 결정과는 무관한 문제입니다.

다른 종교들뿐 아니라 사람들이 만든 사상들은 진리가 아닙니다. 진리가 될 수 없습니다. 그것들은 상대적이고 편향적이며 부분적인 것들입니다. 그 안에는 하나님이 없는 인간의 죄성이 깊이 배어 있습니다. 인간이 만든 사상은 모두 공통적입니다.

먼저 나치즘을 볼 수 있습니다. 생물학적인 종의 우월성을 말하는 다윈주의는 히틀러와 나치즘과 이어집니다. 나치즘은 자신들의 민족 우월성을 강조하면서 급성장했습니다. 2차 세계대전의 패배 이후에 국제적인 빚더미에 살인적인 인플레이션까지 겹쳐서 무너져 내린 독일인들의 사기를 진작시켰습니다. 그 과열되고 왜곡된 광기는 우리가 잘 아는 것처럼 유대인과 폴란드인 등 수백만 명을 가스실에서 학살합니다. 그런데, 그들은 타민족만 학살하지 않았습니다. 거기에는 자민족도 있습니다.

장애를 가진 분들이었습니다. 자신들의 민족은 세계 최고의 민족이어야 하는데, 그들은 민족의 아성에 흠집을 내는 용납할 수 없는 자들이라고 여겼습니다.

둘째로, 불가촉천민 출신으로 유엔의 고위직까지 오른 나렌드라 다자브가 쓴 《신도 버린 사람들》에 보면 힌두 경전인 《베다》에 나오는 이야기를 소개합니다.

한 나라에 왕이 있었습니다. 그 왕에게는 자신의 왕위를 이을 왕자가 있었습니다. 왕은 학식과 무술을 연마하기 위해서 자신의 아들에게 수많은 선생들을 붙여서 교육하고 있었습니다. 그런데, 왕이 길을 지나가다가 아들의 몸종이 활과 화살을 가지고 연습하고 있는 것을 봅니다.

자신의 아들보다 더 좋은 실력을 가지고 있는 것을 알아본 왕은 다음 날 왕자와 그 몸종을 둘 다 부릅니다. 그리고 종에게 말합니다. "너의 주인이 누구냐?", "너의 모든 것이 누구의 것이냐?", "지금 당장 너의 가장 귀한 것을 바칠 수 있느냐?" 그 질문에 "왕자님"과 "예"를 연발하던 종에게 왕이 말합니다. "너의 오른쪽 손가락 두 개를 잘라서 너의 주인께 바치거라!" 이렇게 해서 종은 계속해서 종으로 남고 주인은 계속해서 주인으로 남는 신분계층의 고정화가 이루어집니다. 종교의 이름으로, 신의 이름으로 그 일이 일어납니다.

사람들이 만들어 내는 이론과 사상, 신화와 종교는 그것으로 인해서 덕을 보는 계층과 부류들이 존재합니다. 인간의 죄성이 작동하고, 그것이 현실로 반영되면서는 특정 계층이나, 특정 성별, 특정 지역이나, 영역에 있는 사람들이 특혜를 입기도 하고 불이익을 당하기도 합니다.

이런 것을 진리라고 말할 수는 없습니다. 그렇게 말해서는 안 됩니다. 이것은 문화에 대해서도 그렇습니다. 모든 문화는 동등합니다. 그러나, 동등하게 여겨서는 안 되는 것들도 있습니다. 인정하지 말아야 할 문화적인 요소들도 도처에 있습니다. 폭력과 차별과 착취와 억압과 같은 요소들이 깃들어 있습니다. 모두가 동등하고 같다고 할 수 없습니다.

5. 믿음은 삶을 위한 진리입니다

우리가 이 진리의 문제를 양보할 수 없는 이유는 진리는 모든 것에 대한 진리이기 때문입니다. 진리는 우리의 모든 삶을 위한 최적의 대안입니다. 우리의 사회의 논리이고, 역사의 논리이고, 영원을 위한 대안입니다. 단순히 죽고 나서의 문제가 아니라, 우리가 살아 있을 때를 위한 진리입니다.

진리는 개인을 위한 진리이고, 가정을 위한 진리입니다. 남자를 위한, 여자를 위한 진리입니다. 자녀를 위한 진리입니다. 공동체를 위한 진리이고, 민족들을 위한 진리이고, 땅과 동식물 그리고 자연을 위한 진리이고, 우리의 내면과 관계를 위한 진리이고, 돈과 성을 위한 진리이고, 구원과 영생을 위한 진리입니다. 국가를 위한 진리이고, 경제를 위한 진리입니다. 진리는 모든 것에 진리입니다. 예수님은 모든 것에 진리입니다.

예수님은 교회를 위한 진리이십니다. 그러나, 예수님은 교회만 창조하시지 않았습니다. 이 세상과 사람을 창조하셨고, 그 모든 것에 대해서도 진리이십니다. 예수님은 교회 안에 머무시는 분이 아닙니다. 예수님은 세상을 담기에 충분히 크신 분입니다. 예수님은 세상에 있는 모든 개인과 가정, 기업과 정부, 사회, 국가의 모든 총합보다 크신 분입니다.

화란의 총리를 지낸 아브라함 카이퍼가 쓴 책 중에 《삶의 체계로서의 기독교》라는 것이 있습니다. 저는 이 책의 제목이 진리인 성경의 가치를 너무 잘 담아냈다고 생각합니다. 성경은 우리의 사고의 틀, 마음과 내면의 평안과 안정, 데이트와 연애, 부부관계, 자녀교육, 공동체, 사회, 공공질서와 부의 문제, 약자와 가난의 문제, 세상의 악과 부조리의 문제등 모든 것에 대해서 기초가 됩니다. 경제, 정치, 사회, 정의, 문화, 학문의 세계와 리더십, 관계, 기술과 산업 등 모든 것에 대한 대안과 길이 되는 것입니다.

그리스도인의 부르심은 우리의 생각보다 훨씬 큰 것입니다. 하나님은 우리의 생각보다 크신 분입니다. 그리스도인의 삶은 우리의 생각보다 훨씬 넓은 지평에 펼쳐져 있습니다. 성경의 가르침과 그리스도인의 삶은 세상의 모든 영역에 대한 것입니다.

진리는 종교적인 영역 안에 가둘 수 없습니다. 세상의 주가 되시고, 모든 영역의 주가 되시는 예수님을 인정하고 살아가는 것! 그것이 그리스도인의 부르심이고 사명입니다.

예수 그리스도의 복음, 예수 그리스도의 진리는 당장은 저항이 있고 사람들이 받아들이지 못하고 더 큰 대가를 지불하지만 증거되고 세상에 전해져야 합니다. 진리 안에 있을 때 모든 것이 자신의 자리를 잡을 수 있습니다. 진리 안에 있을 때 하나님과의 관계에서부터 사람들과의 관계, 나와의 관계, 그리고 하나님께서 지으신 피조물과 사회와의 관계 등 모든 것이 정상적으로 회복될 수 있기 때문입니다. 진리만이 이 세상과 영원을 향한 유일한 소망의 길입니다.

진리 안에 있다는 것은 가장 바람직하며, 모두를 행복하게 할 수 있는 하나님의 계획 위에 서 있는 것입니다. 그래서, 진리를 알고 진리 안에 있는 삶을 사랑한다면, 우리는 진리에 합당한 삶을 살아갈 것입니다.

잠시의 잘됨이나 순간의 유혹이 아니라 영원한 가치를 가진 가르침 안에 살아갈 것입니다. 내 경험과 비교할 수 없고 사람들이 만들어 낸 어떤 지혜보다 뛰어나며 세상에 있는 어떤 사상과 견줄 수 없는 그분의 탁월함 안에 살아가며 그 차이를 만나게 될 것입니다.

그리스도인이 진리 안에 살아가는 모습을 가장 대표적으로 보여 주는 하나의 사건은 윌버포스와 그의 친구들의 이야기일 것입니다. 윌리엄 윌버포스와 그의 친구들은 노예 근절과 노예거래금지, 노예소유금지를 위해서 싸웁니다. 하나님께서 지으신 인간의 존귀함을 구현해 내는 데 모든 것을 겁니다. 노예 사냥금지법, 노예거래금지법, 노예소유금지법 등이 하나씩 통과되어 가는 가운데, 노예거래금지법은 윌버포스가 주님의 품에 안긴 지 약 5년 뒤에 영국 의회를 통과하게 됩니다. 그리고, 이 흐름이 대서양을 건너서 미국의 남북전쟁에도 영향을 주게 됩니다.

예수님 안에 있는 인생은 진리이신 예수님 안에 살아가는 것입니다. 진리를 따르면 진리가 우리를 자유케 할 것입니다. 피아니스트가 피아노의 건반을 가지고 연주하듯이, 발레리나가 음악에 맞춰서 아름다운 몸의 선율을 선사하듯이, 우리를 자유케 할 것입니다. 모든 것이 하나님의 평안을 누릴 것입니다.

그러나 진리를 알지만, 예수님 안에서 살지 않는다면 우리의 삶은 진리를 따르는 결과가 아니라, 진리를 따르지 않은 결과를 만나게 될 것입니다. 이것은 나의 개인적인 일만이 아니라, 세상에도 같은 결과를 가지고 옵니다. 그래서, 진리를 맡은 자의 책임, 진리를 깨달은 자의 책임은 개인적인 영혼의 문제에 머물지 않습니다. 그 삶의 결과는 사회까지 확장되어 나타납니다.

영미권의 그리스도인들 가운데 대표적인 지성인으로 꼽히는 마크 놀이 쓴 《그리스도인 지성의 스캔들》이라는 책이 있습니다. 이 책은 '왜 미국에는 매주마다 교회에 나가는 39%의 복음주의적인 크리스천이 있음에도 불구하고 미국의 정치나 사회, 학교나 학문적인 흐름은 이렇게 세속적일 수 있는가?'에 대한 질문을 던집니다. 그리스도인들이 교회 울타리 안에서는 말씀의 영향을 받고 있지만, 교회 울타리를 벗어난 사회의 영역들, 예를 들면 법의 영역, 과학의 영역, 정치의 영역에서는 말씀으로 살지 않는다는 것입니다.

예배당의 벽을 기준으로 교회와 사회가 나뉘어져 있는 미국 교회에 각성을 촉구하는 내용이기도 합니다. 교회 안에서는 믿음의 삶을 살지만 사회에서는 사회적인 가치를 따르는 종교인의 삶을 살게 되면 교회는 홍왕할 수 있지만, 사회는 더 세속적이 되고 성경적인 가치와는 동떨어진 현실을 마주할 수 있음을 직면시켜 줍니다.

진리는 교회 안에서도 진리이고, 또한 사회에도 진리입니다. 예수님은 교회 안에 있는 사람들을 구원하시는 분이시고, 또한 사회를 변혁하시는 분입니다. 예수님 안에는 모든 것이 담겨 있습니다.

진리를 붙들고, 진리 안에 살아가는 삶은 치열한 싸움의 과정입니다. 그러나 가능합니다. 예수께서 함께하시기 때문입니다. 성령으로 우리를 인도하시기 때문입니다. 우리가 하나님의 마름이 없는 은혜 안에 거하기 때문입니다. 요한복음 15장에 나오는 포도나무와 가지처럼 그분께 의존하고 그분을 따를 때, 진리의 진리됨이 우리의 삶을 통해서 드러날 것입니다.

그리고, 이 진리는 우리의 삶을 꽃피게 하고 열매 맺도록 하는 하나님의 최선의 길입니다. 우리가 이 세상에서 만날 수 없는 최고의 삶의 방식입니다. 세상이 소망할 수 있는 하늘의 축복입니다. 또한 아직 예수 그리스도를 알지 못하는 세상이 만나고 있는 온갖 문제에 대한 해결책이 되고, 세상을 회복하는 하나님의 가장 완전한 로드맵입니다. 온 세상에게 약속하신 영원한 승리의 길입니다.

진리를 기뻐하고, 진리이신 예수님을 따르십시오. 진리 안에 있는 인생을 확신하고 살아가십시오. 진리를 증거하십시오. 그분의 뜻이, 그분의 진리가 이 땅 가운데 빛처럼 드러나길 기도합니다.

다섯 번째 만남,
다양성의 세계에서 진리로 살아가기!

그동안 우리는 교회의 중심은 예수이심을 함께 나누었습니다. 예수 그리스도께서 진리이심을 함께 살펴보았습니다. 하나님의 아들이신 예수께서 우리에게 찾아오셨습니다. 예수님을 통해서 하나님의 자녀가 되어 살아가는 은혜의 시대가 열렸습니다. 예수님으로 인해서 죄 사함을 받고, 성령 안에 살아갈 수 있게 되었습니다. 주님께서 다시 오시는 날까지 믿음의 능력으로 사는 새로운 세대가 임했습니다.

우리가 복음을 들었고, 성령께서 우리에게 믿음을 주사 예수 그리스도를 영접하게 하시고, 하나님의 자녀로 살아가는 새로운 정체성을 갖게 되었습니다. 하나님의 새로운 공동체인 교회에 속하게 되고, 세상에 속하지 않은 새로운 인생을 살게 되었습니다.

그런데 그것으로 끝난 것이 아닙니다. 시작선을 막 지난 것입니다. 우리는 진리를 가지고 세상을 살아가는데, 세상은 아직 진리를 모르든지 아니면 진리를 진리로 받아들이지 않습니다. 우리는 진리의 세계 안에 살지만 비진리의 세계 속에 두 발을 딛고 살아가고 있습니다. 그 두 개의 세계가 만나고 작용하고 반응하는 사이에 서서 우리는 날

마다 묻습니다. 하나님의 나라와 이 세상의 나라 사이에서 '어떻게 살아야 할까?'

이 부분에 대한 고민은 어제나 오늘의 일은 아닐 것입니다. 예수님께서도 제자들에게 그들의 미래에 다양한 일들이 일어날 것을 예견하고 계셨습니다. 심지어는 환란과 핍박이 와도 이상하게 여기지 말라고 하셨습니다. 우리가 예수님께 속해 있기 때문에 예수께 속하지 않은 세상과 갈등이 만들어질 수밖에 없음을 미리 알려 주셨습니다.

믿음의 선진들도 이 부분에 대해서 계속해서 질문하고 고민했습니다. 그 고민의 결과를 가장 간략하고 압축적으로 정리한 문구가 있다면 어거스틴이 말했다고 알려진 문장이 아닐까 싶습니다. "본질에는 일치를, 비본질에는 자유를, 이 모든 것에는 사랑을(In Essentials, Unity; In non-essentials, Liberty; In all things, Charity)!"

1. 본질적인 교리

에베소서 4:4-6

몸이 하나이요 성령이 하나이니 …… 주도 하나이요 믿음도 하나이요 세례도 하나이요 하나님도 하나이시니 곧 만유의 아버지시라

성경의 가르침에는 본질적인 것들이 있습니다. 하나님은 한 분이십니다. 우리를 구원하신 주님은 한 분입니다. 성령도 한 분이십니다. 주님의 교회는 하나입니다. 성경과 예수 그리스도를 믿고 신뢰하는 믿음은 하나입니다. 성부, 성자, 성령의 이름으로 받는 세례도 하나입

니다. 성부, 성자, 성령께서는 독립된 위격으로 존재하시며, 영원토록 거룩하신 삼위일체의 하나님이십니다. 이것들은 우리가 양보할 수 없는 것들입니다.

믿음의 중심이라고 할 수 있는 핵심내용이라고 할 수 있습니다. 이렇게 믿는 내용을 가장 간결하게 정돈해서 정수를 모아 놓은 것이 신조 혹은 신앙고백서입니다. 그중에 가장 대표적인 것이 우리 시대의 사도신경입니다.

사도신경

'나는 전능하신 아버지 하나님, 천지의 창조주를 믿습니다. 나는 그의 유일하신 아들, 우리 주 예수 그리스도를 믿습니다. 그는 성령으로 잉태되어 동정녀 마리아에게 나시고, 본디오 빌라도에게 고난을 받아 십자가에 못 박혀 죽으시고, 장사된 지 사흘 만에 죽은 자 가운데서 다시 살아나셨으며, 하늘에 오르시어 전능하신 아버지 하나님 우편에 앉아 계시다가, 거기로부터 살아 있는 자와 죽은 자를 심판하러 오십니다. 나는 성령을 믿으며, 거룩한 공교회와 성도의 교제와 죄를 용서받는 것과 몸의 부활과 영생을 믿습니다.'

이 사도신경이라는 신앙고백은 우리가 무엇을 믿는가에 대한 것입니다. 우리가 그리스도인이 된다는 것은 이 신앙고백에 대해서 동의하는 것입니다. 이것은 우리가 믿는 믿음의 내용을 요약한 것으로, 그 내용은 하나님과 예수 그리스도, 성령과 성경, 인간과 구원, 교회와 성취될 약속, 영생입니다.

이 고백은 본질에 해당하는 부분입니다. 이 내용들은 빼거나 더할 수 없는 것입니다. 진리로 주어진 것입니다. 하나님께서 당신의 종들을 통해서 우리에게 전해 주신 성경의 가르침입니다. 하나님께서 주권적으로 약속하시고 행하시고 우리에게 드러내 보여 주신 하나님 역사의 진액입니다.

이것은 어떤 부분이 마음에 안 든다고 바꾸거나 다른 것으로 대신할 수 없는 것들입니다. 교회사에 존재했던 이단들이란, 진리를 부분적으로 왜곡시키거나 자의적으로 해석하다 보니 발생한 것입니다. 진리는 우리에게 진리로서 그대로 받아들일 것을 요구합니다. 진리는 유일하며 변치 않는 하나님의 우주적이며 영원한 이야기입니다.

사도신경은 성경의 가장 기본적이고, 중심적인 본질적인 교리를 담고 있는 교회의 신앙고백문입니다. 성경에 기초한 역사 속의 교회가 지켜온 믿음의 내용입니다. 구약에서부터 시작된 믿음의 터 위에 있는 서 있는 하나님의 진리로, 이 안에 있다면 우리는 같은 믿음의 기초 위에 서 있는 것입니다.

2. 비본질적인 교리에 대한 자유함

그런데, 우리가 그리스도인으로 살아갈 때, 이런 본질적이고 모든 교회들이 일치하는 진리만 있는 것은 아닙니다. 성경을 연구하고, 기도하면서 나름대로 얻은 해석에 대해서 선택을 해야 하는 부분들도 있습니다. 이것에 대해서는 생각이 다를 수 있습니다. 강조점이 조금씩 다르고 바라보는 방향과 목적에 따라서 미묘한 차이들이 발생합니다. 그에 따라서 교단이 나뉘고, 신학이 나뉘고, 형식과 의식이 달라지기도 합니다.

예를 들어 보면 앞에서도 언급한 것처럼 창조론과 창조의 방법론의 차이를 들 수 있습니다. 창조는 믿는데, 하나님께서 구체적으로 창조의 기간과 과정을 어떻게 진행하셨느냐에 따라서 의견이 조금씩 나뉩니다.

알리스터 맥그라스는 그의 저서인《과학과 종교》에서 "창조론에 대한 이론이 자신이 아는 것만 19가지가 있다."라는 말을 했습니다. 물론 어떤 의견들은 극단적이고, 성경보다는 이론을 절대화하는 시도들입니다.

그러나, 많은 이들은 나름대로의 노력을 통해서 성경과 과학적인 발견의 조화를 이루려고 노력합니다. 하나님의 창조는 맞습니다. 성경의 분명한 계시입니다. 그러나, 그 전제 안에서 과학적인 발견들을 고려해서 창조가 어떻게 진행되었는지에 대한 다양한 의견을 가집니다.

필자의 견해는 '6일 창조'입니다. 모세가 가지고 있는 천문학적인 지식이 당시의 사람들 중에서 가장 출중했을 수 있지만, 6일 창조를 기록하면서 사용한 '날'이라는 단어의 의미 안에 우주적인 한 세대나 연대를 담았다고 보기에는 너무 무리가 있습니다. 모세와 함께 출애굽하던 사람들은 과학이나 천문학의 석사나 박사 과정에 있던 분들이 아니었기 때문에 모세가 하루라고 의미한 것은 그냥 하루였을 것입니다.

그러나, 창세기 1장을 기록한 모세의 목적은 하나님께서 이 세상을 창조하신 창조주이신 것을 밝히는 것입니다. 세상이 우상으로 숭배하고 있는 모든 것들은 하나님의 피조물에 불과한 것입니다. 창조주이신 하나님만을 경외하고 예배하는 백성이 되어 하나님의 언약에 신실하게 살아갈 것을 강조하는 것이 창조기사를 담고 있는 창세기와 모세오경의 기록 목적입니다.

창세기는 과학 전문 서적이 아니기 때문에 그 기록을 토대로 과학적인 결론을 도출하려고 하는 것은 성경의 원래 목적에 충실하지 못한 행동이 될 수 있습니다. 그러나, 인간의 지성과 지적 호기심은 하나님의 창조와 인간의 과학적인 결과들 사이에서 지적활동을 하게 될 것입니다.

창조에 대한 의견의 다양성은 두 사이에서 이루어집니다. 성경에 나오는 기록대로 하나님께서 세상을 6일 동안 창조하셨다는 것과 창조가 과학으로 설명될 수 있는 과정을 통해서 이루어졌다고 믿고 그것을 규명하려고 하는 노력이 그것입니다. 이 두 사이에서 서로 다른 의견이 오갈 수 있습니다.

그러나, 염려하지 않아도 됩니다. 성경은 변치 않기 때문입니다. 특정한 과학적인 이론이 사람들에게 회자된다고 해도 두려워하거나 그것을 폐기하려고 애쓸 필요가 전혀 없습니다. 어차피 과학은 계속해서 새로운 이론들로 교체될 것이기 때문입니다. 그것이 과학의 방식입니다.

이 의견을 억지로 하나로 만드는 것도 어려운 일입니다. 말하려고 하는 중요 관점을 이해하고, 끝까지 대화하는 것이 필요합니다. 하나님의 창조는 변치 않습니다.

은사에 대해서도 그렇습니다. 교회 안에는 은사에 대한 다양한 견해들이 존재합니다. 은사중단론부터, 방언구원론까지 서로 다른 이론들이 존재합니다.

이것에 대한 필자의 견해는 성경을 기록하는 은사나 사도와 같은 특별한 직분이 계속해서 이어진다는 것을 받아들이지 않지만, 그 외의 다양한 은사들은 오늘날에도 있다는 것입니다. 하나님께서 15세기 이후에 은사를 금지하셨거나 폐하셨다는 정확한 설명을 찾을 수가 없습니다.

은사는 하나님의 선물이고, 사명을 위한 하나님의 부르심이기도 합니다. 이 은사에 대해서 말을 할 때, 한국교회의 풍토 안에서는 주로 고린도전서에 나오는 은사에 초점을 맞춰서 이해하는 것을 볼 수 있습니다. 그러나, 성경에 기록된 은사는 한 곳에만 나오지 않습니다.

성경에 기록된 은사는 크게 세 가지가 있습니다. 고린도전서 12장,

14장에 나오는 초자연적인 은사들, 로마서 12장에 나오는 공동체를 섬기기 위한 기능적인 은사들, 에베소서 4장에 나오는 직분으로서의 은사입니다. 이 모든 것이 은사입니다.

하나님께서는 모든 분들에게 은사를 주셨습니다. 하나님은 모든 성도들에게 각자의 기질과 성품, 경험과 환경적인 영향을 따라서, 때로는 하나님 나라를 위한 주권적인 역사하심으로 다양한 은사를 주십니다. 은사를 파악하고, 깨닫고, 잘 개발하고 훈련해서 주의 뜻과 목적에 맞게 사용하는 것은 모든 그리스도인에게 주신 사명입니다.

은사는 소수의 전유물이 아닙니다. 주님의 교회가 존재하고, 주님의 복음이 전해지고, 주님께서 살아서 교회를 통해서 일하시는 동안 은사는 유지될 것입니다. 주께서 은사를 주시되, 직분의 은사를 주시고, 공동체를 섬기는 구체적이고 실천적인 은사를 주시고, 또한 하나님의 살아 계심을 증거하고 나타내는 은사를 주실 것입니다.

그러나, 만약에 누군가 특정한 은사를 받았다면, 다른 사람들에게 당신도 나와 똑같은 은사를 받아야 한다고 말을 하거나, 내가 느낀 것을 당신도 느껴야 한다고 해서는 안 됩니다. 은사가 믿음의 중심이 아니기 때문입니다. 우리는 은사로 구원받지 않습니다. 하나의 은사가 절대화되는 것은 주님의 뜻이 아닙니다.

은사는 발견하고 잘 훈련하고 공동체의 덕을 위해서 사용하면 됩니다. 이미 우리에게 다양한 은사를 주셨기 때문에 성령의 기쁨 안에서 교회공동체와 사회공동체를 섬기기 위해서 그것을 사용하면 됩니다.

은사는 주와 교회를 섬기고 사회에 봉사하라고 주시는 도구이고 하나님의 선물입니다.

예수님의 재림에 대해서도 크게 세 가지의 견해가 있습니다. 전천년설, 후천년설, 무천년설입니다. 필자도 개인적으로 따르는 견해가 있습니다. 그러나, 이것들 중에서 한 가지만 절대적으로 옳다고 말할 수는 없습니다. 다 성경에서 나온 것입니다. 이것에 대한 입장이 조금 다르다고 해서 예수님을 믿고, 하나님의 자녀로 살아가는 데 절대적인 문제가 발생하는 것은 아닙니다. 중요한 것은 예수님이 다시 오실 것이라고 하는 사실입니다.

그 외에도 비본질적 교리로서 다양한 견해가 존재하는 주제들은 셀 수 없이 많습니다. 이런 신학적인 주제들뿐만 아니라 우리의 삶과 밀착된 주제들도 있습니다.

1세기의 교회에서 우상에게 드려졌던 고기를 먹을 수 있는가의 주제가 아주 뜨거운 주제였다면, 한국적인 상황 안에서 살아간다면 민감할 수밖에 없는 주제들이 있습니다. 가장 대표적인 것이 담배나 술 문제가 아닐까 싶습니다.

먼저 담배에 대해서는 대부분 부정적인 사고를 가지고 있을 것입니다. 조금 더 강하게 주장하는 곳은 담배를 금기시할 수 있습니다. 담배를 피우면 교회에 나올 수 없고, 정죄를 받아야 하고, 심지어는 지옥에 갈까?

시드니다음교회를 처음 개척할 때에 믿음이 없는 분들이 올 수 있는 교회, 비신자들이 올 수 있는 교회가 되길 원해서 교회에 흡연실을 두려는 생각을 했었습니다. 물론 교회는 담배를 피우지 않는 분들을 위해서 존재합니다. 그러나, 담배를 피우시는 분을 위해서도 존재합니다.

복음을 듣고 거듭나는 데 담배를 피우거나 끊는 것이 전제가 될 수는 없습니다. 구원의 기준이 담배는 아닙니다. 우리가 무엇을 했기 때문에, 혹은 하지 않았기 때문에 우리의 구원이 결정되지 않습니다.

담배를 피우는 죄인도 있고, 담배를 피우지 않는 죄인도 있습니다. 담배를 피운다고 그들이 담배를 피우지 않는 사람들보다 더 큰 죄인은 아닙니다. 그들도 나처럼 죄인일 뿐입니다. 예수님이 필요한 죄인입니다. 예수님께서는 담배를 피우지 않는 분을 위해서 오셨습니다. 그러나 담배를 피우는 분을 위해서도 오셨습니다.

담배를 피우지 않지만, 우리의 삶에는 다른 죄의 습성들이 있을 수 있습니다. 담배를 피우지만 그 사람에게 있는 죄의 습관이 없을 수도 있습니다. 이런 한 가지를 절대화해서 구원의 문제를 논하고, 교회를 들어올 수 있는 기준으로 삼는 것은 성경적이라고 할 수 없습니다.

담배를 안 피운다고 천국에 가는 것이 아닌 것처럼, 담배를 피운다고 지옥에 가지는 않습니다. 지옥을 방문하고 온 것 같은 냄새는 나겠지만 천국과 지옥의 기준은 예수님께 있는 것이지, 연기 냄새에 있는 것은 아닙니다. 우리의 구원의 기준은 다른 어떤 것도 아닙니다. 예수님입니다.

교회는 담배에 골몰할 필요가 없습니다. 교회의 중심은 담배가 아니라 예수님입니다. 주님을 인격적으로 만나고 믿음 안에 살아가게 된다면 그것에 대한 자신의 자세를 결정하게 될 것입니다. 하나님께서 주신 몸이 많이 상하니 끊는 것이 여러모로 좋다고 하는 사실에 대해서 부인할 사람은 없을 것입니다. 정부가 괜찮다고 하지만, 유해물질이 백여 가지 이상 들어 있는 공식 중독 제품인 담배를 아무렇지도 않게 대하지는 않을 것입니다. 그것을 위해서 기도할 것입니다.

뿐만 아니라, 예수님을 믿고 믿음 안에 살아간다면, 우리가 살아가는 사회 속에 존재하는, 그것과 비교될 수 없는 더 크고 뿌리 깊은, 교회가 기도하고 대안을 세우고 힘써 행해야 할 일들을 알게 될 것입니다. 교회는 담배가 아니라 예수님께 헌신해야 합니다.

그렇다면 술은 마셔도 됩니까? 필자가 자란 교회에서는 술은 절대로 안 되는 것이었습니다. 보수적인 예수교 장로교회에서는 당연한 것이었습니다.

꼭 필자가 속한 교단이 아니라고 해도 일반적으로 목회자들이나 교회의 중직자라면 술을 마시지 않는 것이 마땅하며 스스로 절제해야 한다고 여길 것입니다. 우리가 술을 마시는 것 때문에 누군가가 시험에 들게 하거나, 우리로 인해서 누군가 술을 마시게 할 필요는 없습니다.

믿음의 공동체의 리더의 사명은 새 술이신 성령의 충만함을 입어 살아가도록 성도들을 섬기는 것이기 때문에, 공동체의 덕을 위해서 절제를 기쁘게 할 것입니다.

성경에서 술에 대해서 말할 때는 찬성과 반대가 다 있습니다. 바울은 디모데에게 건강을 위해서 와인을 조금씩 쓰라는 말을 합니다. 건강과 의학적인 효능을 생각해서 권면하고 있는 것입니다.

필자는 개인적으로는 '지상'에서는 술을 마시지 않습니다. 한두 분이라도 시험에 들거나 그들이 가지고 있는 믿음의 기준에 맞지 않는 행동이 되어 한 분이라도 넘어지지 않도록 하기 위해서입니다. 그러나 예외적인 곳이 있습니다. 비행기입니다. 일본에서 단기선교를 마치고 캄보디아 단기팀과 합류하기 위해서 이동하는 중에 비행기 멀미를 심하게 해서 정말 힘든 여행 경험이 있었습니다. 그 일을 들은 전문의가 와인이 혈액 순환에 도움이 되기 때문에 '공중'에서는 약이라고 생각하고 마시라고 해서 간혹 마실 때가 있습니다. 그런 의도로 이해하시면 될 것 같습니다.

조금 더 일반적으로 본다면, 유럽이나 중동문화권은 물이 깨끗하지 않아서 와인 문화가 발달해 있습니다. 음식 중에 하나로 와인이 들어와 있는 사회에서 그것을 무조건 정죄하는 것은 문제가 됩니다. 석회질이 물에 많아서 양질의 음료를 구하기 어려운 사회에서 무조건적인 정죄는 이중적이 되게 하고, 숨기는 습관을 만들게 됩니다.

그러나, 성경에는 반대의 견해도 있습니다. 예레미야서에 나오는 레갑족속처럼 술을 쳐다보지도 않는 사람들에 대한 칭찬이 있습니다.

가장 단순하게는 하나님께서 주신 몸의 건강을 지키는 차원이 있습니다. 술을 경솔하게 여겨서는 안 되는 이유가 있는데, 최근 나온 연구 결과는 '화학주'일 경우에는 매일 한 잔만 마셔도 암과 심장마비의 위험이 증가하는 것으로 나타났습니다. 한 잔씩이라도 몸에 쌓이면 악영향을 주는 술을 권장할 필요는 없습니다.

술에 대해서 소극적이고 반대하는 입장에 서야 하는 더 큰 필요는 모든 심각한 죄가 들어오는 대문에 술이 있기 때문입니다. 모든 죄는 술로부터 시작하거나 술과 함께 심화되곤 합니다. 그런 술을 가볍게 생각하거나 관대해서는 안 됩니다. 술로 비롯되는 중독과 범죄는 찾아보기 어렵지 않습니다. 싸움도, 마약도, 지나친 쾌락도… 술을 통해서 시작됩니다.

특히 술이 한국 사람들에게 더 큰 의미로 남는 것은 한국 사람들이 술을 즐기는 가장 큰 이유는 사람들과의 관계를 맺는 매개체 역할을 하기 때문입니다. 교회는 술을 문화적인 것이니 괜찮다고 권하거나 그것은 절대로 해서는 안 되는 것이라고 비난하는 자리에 서지 않아도 됩니다. 그것보다, 성령 안에서 살아가는 공동체로 술이 없어도 진실한 공동체로 살아갈 수 있는 교회로 들어오라고 초청하는 것이 교회의 올바른 자리가 될 것입니다. 술 취하지 않고 새 술에 취해 살아가는 성령의 공동체가 될 때 술 문제는 갈등이 아니라 은혜로 일어나는 변화의 한 부분이 될 것입니다.

그것을 위해서 교회는 복음의 능력과 성령의 충만으로 채워져 있어야 합니다. 교회에 와서 술을 끊고 술이 아니라 새 술이신 성령에 취하고, 술친구를 넘어서는 믿음의 친구들을 사귀고, 술값으로 하나님 나라를 위해서 섬기는 역사들이 일어날 것입니다.

이런 다양한 주제들에 대한 다양한 견해들은 개인적인 차이도 있지만, 교단이나 교파의 차이로 나타날 때가 더 많습니다. 교단은 다양한 역사적이고 상황적인 배경에서 나온 것입니다. 그들이 있는 곳의 지리적인 위치, 역사적인 경험, 신학적인 이유, 문화적인 다양성들이 충돌하면서 다양하게 만들어졌습니다.

이런 것을 보면 교회가 왜 이렇게 다르지? 왜 이렇게 다양하지? 하고 의문을 제기할 수 있습니다. 교회가 나뉘어 있고, 통일성이 없는 것처럼 느껴지기도 합니다. 그러나, 반대입니다. 예수 그리스도라는 분은 굉장히 넓습니다. 그 안에는 장로교와 감리교, 성결교와 침례교, 오순절이 다 들어올 수 있습니다. 조금씩 자신의 역할을 감당함으로 하나님 나라라고 하는 거대한 퍼즐의 부분, 부분을 감당하고 있는 것입니다. 개개인이 다 다른 것처럼, 교회도 다 다릅니다.

우리에게 중요한 것은 그것이 '장로교적인가? 오순절적인가?'보다 그것이 '주님의 방식인가? 성경적인 것인가?' 하는 것입니다. 교회는 예수께서 다스리시는 교회로 우리의 옷을 벗고 성경의 빛에 비춤을 받아, 성령의 옷을 입으며 지속적으로 개혁되고 갱신되어야 하는 것입니다.

교회는 다양한 배경과 경험, 생각과 출신을 가진 분들이 모이는 곳입니다. 혹시 교회 안에서 다양한 비본질적인 견해에 대해서 대화를 나누던 중에 '다른 의견이나 다른 생각'이 만날 때가 있다면 그것은 아니라고 바로잡아 주려고 하든지 내가 아는 것만이 맞다고 주장하지 않기를 바랍니다. 그런다고 상대의 생각이 바뀌는 일은 일어나지 않습니다.

자신의 견해를 주장할 수 있습니다. 그러나 상대에 대해서도 "당신은 그렇게 생각하는군요!"라고 받아 주시길 바랍니다. 다른 의견을 나눌 수는 있지만, 서로 다를 수 있는 의견에 대해서는 받아 주는 곳이 공동체입니다.

이 세상에 단 하나의 교회, 단 하나의 교단, 단 하나의 목회적인 패턴이나 방식이 존재할 수 없습니다. 교회가 프랜차이즈처럼 다 똑같이 존재해야 할 필요가 없습니다. 그것은 하나님의 창조의 다양성과도 맞지 않습니다. 그것은 우리를 자유케 하신 그리스도의 사역과도 맞지 않습니다. 그것은 성령 안에 살아가는 주님의 교회의 부르심과도 맞지 않습니다.

거대한 우주적인 하나님 나라의 각 지부로 존재하는 교회로서 하나님의 크심과 위대하심과 능치 못하심이 없으신 모습을 반영하고 담아내기 위해서 각 교회들마다, 그들의 민족과 역사, 문화와 특성들을 반영한 교회가 존재하는 것이 맞습니다. 이것을 하나로 획일화하려는 노력은 오히려 하나님의 성품에 역행하는 것입니다.

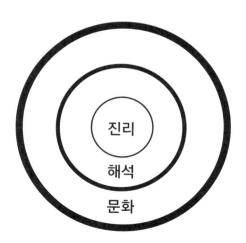

우리 집에서 사용하는 커피 잔 받침은 이렇게 세 개의 원이 그려져 있습니다. 이 컵 받침은 지금까지 한 이야기를 잘 담고 있습니다. 중심에 있는 가장 작은 원은 진리입니다. 타협하거나 다른 것을 내가 만들어 낼 필요가 없습니다. 하나님께서 계시로 주신 것입니다. 진리로 우리가 받아들여야 할 영원한 하나님의 지혜가 이 안에 있습니다.

두 번째 큰 원은 성경적 가르침에 대한 다양한 견해들입니다. 내가 확신하는 것이 있습니다. 그러나, 다른 사람들의 견해가 있습니다. 나와 견해가 다른 사람들이라고 해서 그리스도인이 아니라든지 교회가 아니라고 할 수는 없습니다. 성경 안에서 집단적인 연구와 공동체적인 대화와 역사적인 검증의 과정을 거쳤다면 나의 선택이 있는 것처럼, 다른 교회의 선택도 하나의 가능성으로 받아들여야 합니다. 나와 당신의 생각이 다를 수 있습니다.

그 안에서 어떤 것들은 '내가 생각할 때 이것만은 용납할 수 없다.'라고 하는 것도 있을 것입니다. 그러나, 그것 때문에 싸울 필요는 없습니다. 싸워서 달라지는 사람은 없습니다. 싸워서 변하는 교회도 없습니다. 싸워서 바뀌는 세상도 없습니다. 대화가 필요한 것이지 싸움이 필요한 것은 없습니다.

진리의 문제라면 선이 분명해야 합니다. 그러나, 진리의 문제가 아니라면, 다름을 허용해 주어야 합니다. 지속적으로 대화하고 그들의 의견에 귀를 기울이고 그들의 문제점을 파악하고 그것에 대한 대안을 제시할 수 있어야 합니다.

나의 견해가 분명한 만큼 상대도 그렇게 생각하고 있음을 이해하고 존중할 때, 교회의 하나 됨을 지키고 다양성을 존중하며 사회에 '공존과 대화의 공동체'를 소개하는 방편이 될 것입니다.

3. 선택할 수 있는 것들

여기에 세 번째 영역이 있습니다. 컵 받침대의 세 번째 원입니다. 가장 바깥쪽에 있는 큰 원으로, 우리의 삶에 가장 많은 부분을 차지하는 일상의 주제들입니다. 우리가 마음껏 선택할 수 있는 것들입니다. 이것들은 자유에 속한 영역입니다.

음식을 어떤 나라 방식으로 요리해서 먹을 것인가? 어떤 스타일의 옷을 입을까? 내가 무슨 색깔을 좋아할 것인가? 집은 어떤 모양으로 지을 것인가? 노래를 작곡하는 음계는 어떤 것을 사용할 것인가? 우리의 일상에 대한 모든 것들에 관계된 것입니다. 문화의 이슈이고, 습관과 경험의 주제들입니다.

이것은 어릴 때부터 부모와 사회에서 자연스럽게 배워 가며 몸에 익혀 있는 것들이 대부분입니다. 배운 언어들과 어릴 때부터 먹고 자란 음식, 고유의 민족음악과 세계적인 음원차트를 석권하는 최신곡들, 전통복장과 최신 유행하는 스타일의 패션, 친구들과 향유하고 사회가 살아가면서 공유하는 의미들과 상징들, 몸짓들은 어머니의 손맛처럼 평생 뇌리에 새겨지는 것입니다. 이것들은 대부분 원하는 대로 하면 됩니다. 그 안에는 다양한 선택이 존재합니다.

그러나, 그 안에도 주의를 기울여야 하는 것들은 있습니다.

먼저, 어떤 문화든지 그 안에 잘못된 것들이 있기 때문입니다. 삶을 잘못된 기초에 놓고 사는 사람도 있습니다. 우리 주변에는 입으로 먹지 말아야 할 것들도 있습니다. 눈으로 보지 말아야 할 것도 있습니다. 귀로 듣지 말아야 할 것들도 있습니다.

그들의 문화는 중립적이지만, 그 중립적인 문화 안에는 전혀 중립적이지 않은 것들이 함께 있습니다. 문화라고 말하지만 그 안에 차별과 학대, 부정과 비정상적인 사회 제도와 시스템이 존재하고 있습니다. 이것이 문화를 무조건 중립적이라고만 할 수 없는 이유입니다.

둘째, 문화의 기초, 뿌리에는 영적인 전제들이 있기 때문입니다. 문화는 영적인 뿌리에서부터 피어난 꽃과 열매입니다. 문화의 근원에는 수많은 영적이고 종교적인 함의들과 의미들이 담겨 있습니다.

예를 들어 보면, 요가는 신과의 합일을 위한 수행 과정의 일부입니다. 어떤 사람들에게는 운동이지만, 누군가에게는 그렇지 않습니다. 어떤 종교는 평화를 사랑하지만 그 안에서는 끊임없이 차별과 폭력의 주제들이 일어납니다. 어떤 사람들은 이사하는 날짜를 정할 때 휴가를 고려하지만, 어떤 사람들은 영적인 의미를 고려합니다. 이 외에도 이런 것들은 꼽을 수 없을 만큼 많이 있습니다. 이것은 한두 문화의 주제가 아닙니다. 모든 문화권의 이야기입니다.

그래서, 모든 문화는 존재하는 그 방식대로 존중해야 하되, 성경의 눈으로 보아야 합니다. 성경의 관점으로 돌아보고 성경적인 가치가 반영되도록 행해야 합니다. 나로부터 우리 가정에서부터 시작할 수 있습니다. 하나의 공동체가 사회적인 악습과 성경과 충돌하는 문화를 성경의 문화로 바꾸는 변혁 운동을 시작할 수도 있습니다.

셋째, 개인의 자유와 공동체의 덕 사이에 긴장이 발생하는 부분이 있습니다. 어떤 것들은 그냥 선택하면 되지만, 어떤 것들은 그 안에 담긴 의미들이 있습니다. 어떤 사람들은 그것을 알고 이해하고 있지만, 어떤 사람들은 그것을 모릅니다. 어떤 사람들에게는 자유의 문제지만, 영적 관점을 투영하고 있기 때문에 어떤 사람들에게는 문제가 될 수 있습니다.

이것이 우리가 살아가고 있는 도시의 모습이고, 우리가 살아가는 세상의 모습입니다. 이런 사회 속에서 우리는 그리스도인으로 살아갑니다. 이 안에서 우리에게는 분별력이 필요합니다. 악하고, 비성경적이고, 이교적이거나 세속적인 면들을 구별하고 성경적인 방식들로 대안을 만들어 가야 합니다.

그리고, 무엇보다 문화를 변화시키기 위해서 복음을 전해야 합니다. 우리에게는 모든 민족을 제자로 삼아 세례를 주고 주님께서 분부하신 것을 가르쳐 지키게 하는 사명이 있습니다.

4. 다양성의 세상에서 증인으로 살아가기

그렇다면, 우리는 이 세 가지의 범주로 구성된 세상에서 어떻게 증인이 된 삶을 살 수 있을까요?

교회는 때를 얻든지 못 얻든지 복음을 전해야 합니다. 복음을 전하기 위해서 교회는 최우선권을 준비하고 살아야 합니다. 그러나, 우리가 살아가는 시대와 문화권에서는 지혜가 필요합니다.

진리를 먼저 꺼내는 것은 우리가 살아가는 서구 사회나 앞으로 남은 선교지를 생각해 보면 적절한 대안은 되지 않는다는 것은 매일의 생활에서 익히 알고 있는 것입니다. 거절 의사를 듣게 될 것은 물론이고 비사회적이고 비상식적인 사람이라는 인식을 심어 주는 행동이 될 수 있습니다. 보지 않아도 명확한 일입니다.

더구나 성경의 주제에 대한 다양한 이론들은 대부분의 사람들에게는 관심이 없는 것입니다. 이것을 가지고 대화를 할 수 있는 사람들은 평소에 성경이나 기독교 사상, 그리고 신학에 관심이 있는 분들일 것입니다.

우리가 최종적으로 가지고 있는 목표는 진리 되신 예수 그리스도를 증거하고 전하는 것입니다. 그러나, 그렇게 하기 위해서 가장 먼저 우리의 관심을 쏟아야 하는 것은, 매일 살아가는 사회 속에서 사람들과 관계를 맺고 함께 살아가는 친구가 되는 것입니다.

a. 친구 되기

먼저, 우리가 해야 하는 것은 친구가 되는 것입니다. 이것은 차별과 분리, 책망과 정죄가 아니라 인정하는 것에서부터 시작해야 합니다. 같이 밥을 먹고, 같이 사무실에서 일을 하고, 같이 운동이나 취미생활을 하고, 같이 바비큐를 하는 것이 먼저입니다. 그들의 문화와 역사를 이해하고 그들의 민족적인 습관들을 배우고, 자녀를 키우는 것에 대해서 대화를 나누고, 뉴스에 대해서 이야기를 하고, 다양한 주제들에 대한 생각들을 교환하고, 서로의 기도 제목을 나누는 것이 먼저입니다.

　보통 진리를 알고 있다고 생각하는 사람은 진리를 먼저 꺼내 듭니다. 그러다 보니 옆집에 사는 무슬림들과 친구가 잘 되지 못합니다. 같은 이유로 우리는 무신론자들과 잘 못 지냅니다. 만나는 사람들마다 그런 패턴으로 관계를 맺어 가면 아무도 내 옆에 있으려고 하지 않을 것입니다. 사회에는 대부분이 나와는 다른 믿음을 가지고 살아가는 사람들입니다. 무신론자조차 하나님이 없다고 믿는 믿음의 신념 체계를 가진 사람입니다. 그들의 내면에 신은 없다는 견고한 진이 자리하고 있기에 바로 들어가면 충돌할 수밖에 없습니다.

　우리가 해야 하는 일은 먼저 친구가 되는 것입니다. 조금 기다릴 수 있어야 합니다. 몇 번 없을 기회를 최대한 선용할 수 있도록 준비해야 합니다. 친구가 되면, 진리를 삶으로 나눌 기회를 얻습니다. 인생을 함께 공유할 수 있는 공간들을 갖게 됩니다. 많은 시간이 주어집니다.

　사무실에서도 커피를 한 잔 들고 옆 사무실에 일하는 다른 동료를 찾아가서 "잘 지내니?" 하고 묻는 것이 전도의 시작입니다. 친구가 되는 것이 먼저입니다. 진리를 전할 수 있는 기회가 신뢰와 친밀함의 정도에 따라서 얼마든지 주어질 수 있습니다. 우리의 마음이 복음증거에서 떠나지 않는다면 기회는 반드시 올 것입니다.

　우리 시대에 전도는 말 이전에 관계로 시작해야 합니다. 먼저 이웃이 되고, 친구가 되고, 인생의 동행이 되는 것입니다. 그 사람에게 관심을 갖는 것입니다. 인격적인 교제 관계를 맺어 가는 것입니다. 신뢰를 만들어 가는 과정이 필요합니다. 그것이 전도의 출발입니다.

오랜 기간을 거쳐서 친구가 되고, 진실한 친구가 되어 줄 때에야 우리는 비로소 예수님 안에서 살아가는 그리스도인의 자세와 인격, 태도를 나눌 수 있고, 스스로 고민하고 생각하고 선택할 수 있는 기회를 줄 수 있습니다. 그리스도인의 영향력은 영향력을 주기 위해서 의도할 때 흘러가지 않습니다. 진리 안에 그리스도를 따르며 살아갈 때 뒷모습에서 보여집니다.

무엇이 진짜 인생인지 서로의 삶을 비교하면서 진리에 대한 관심을 갖도록 여백을 만들어야 합니다. 그리스도인들이 가지고 있는 죄를 이기는 힘과 부활의 생명 안에서 새롭게 발견한 소망의 태도는 이 세상에서는 만들 수 없는 것입니다. 그리스도인들이 갖는 밝음과 기쁨, 긍정과 용서, 치유와 온유의 태도들은 세상을 살아가는 사람들 모두에게 기대를 줄 수 있는 성령의 선물입니다.

특히 인생의 고난이 닥칠 때, 우리는 서로의 삶이 얼마나 달라질 수 있는지를 확연하게 볼 수 있습니다. 고난의 문제 앞에서 성경처럼 힘을 발휘하는 사상이나 종교, 철학은 없습니다. 운이 없다고 하든, 운명이든, 당신의 능력이 부족한 것이든 그 어떤 것도 예수 그리스도의 복음만큼 고난의 문제를 대하지 않습니다.

죄로 인해서 파괴된 세상을 회복하시는 하나님의 일하심은 죄의 현실 속에서 우리가 붙들 수 있는 실제적인 격려와 소망이 됩니다. 어려움 속에서 자신이 붙들고 있는 것들은 무엇이고, 예수님 안에서 우리가 취할 수 있는 다른 선택은 무엇인지를 비교하고 알게 되는 것은,

은혜를 향해서 고개를 돌리게 되고 영적인 각성이 시작되는 통로가 될 수 있습니다. 이렇게 시간을 함께 보내면서 그들이 진지하게 복음 안에 있는 삶에 대해서 알아가도록 기회를 주고 기다려야 합니다. 그때 일상이 전도로 향하게 됩니다.

b. 마음 열기

두 번째는 마음을 여는 대화가 필요합니다. 예수님을 믿지 않는 분들과 가까워지면서 한 가지 비슷한 경험을 하는 것이 있습니다. 마음이 편해지고 친구가 되어 가면, 그분들께서 교회에 대해서 질문을 한다는 겁니다.

장로교는 뭐고, 침례교는 뭐고, 순복음교회는 어떤 것인지? 왜 어떤 교회는 예배실 앞에 십자가가 있고 어떤 교회는 십자가가 없는지? 왜 어떤 교회는 가운을 입고 어떤 교회는 양복을 입는지? 그리고, 개인적인 이야기들도 오픈을 해 줍니다. 어릴 때 교회에 갔던 경험들, 자신의 가족들 중에서 믿음을 가지고 계신 분이 누구인지…. 그리고, 자신이 교회를 가고 하나님 앞에 가기에 문제가 있는 것은 아닌지 확인을 하기 시작합니다.

그러나, 교회에 대한 이야기는 예수님께로 가는 대화의 중간 기착지가 될 때가 많습니다. 이때 불편한 이야기들이 오갈 수도 있습니다. 교회가 어렵게 느껴지거나 오기 힘든 이유를 설명하기도 합니다. 교회가 저지른 잘못과 문제들을 꺼내기도 합니다. 이때 상황을 배척하거나 무조건 그런 일이 없었다고 할 필요는 없습니다.

물론 오해는 정정해 주어야 하지만, 때로는 우리도 안타깝고, 아프고, 사과를 해야 하는 부분이라고 말할 수도 있습니다. 교회가 모든 것을 잘못한 것은 아니지만, 우리가 잘못한 부분에 대해서는 인정을 하고 사과를 하면 됩니다.

부족과 한계에 대해서 인정하는 말을 하고 낮추는 것은 듣는 분의 마음에 있는 불신을 걷어 내고 분노를 이해와 공감으로 바꿀 수 있는 터닝포인트가 되는 것을 종종 목격했습니다.

교회에 분노가 많고 실망이 많은 분들일수록 실상은 교회에 대한 기대가 많고 교회가 제대로 서기를 원하셨던 분들이 대부분입니다. 교회를 향한 바램이 있으셨던 분들입니다. 누구보다 교회를 사랑했기 때문에 실망도 클 것입니다.

우리의 목표는 이기는 것이 아니라 그 영혼을 얻는 것입니다. 그분께서 예수님을 만나고 예수님 안에 살아가시도록 섬기는 것입니다. 사실 이렇게 문제를 표현하고 교회의 불편한 부분에 대해서 언급을 한다는 것은 한편으로는 굉장히 피하고 싶은 상황이기도 하지만, 그분의 마음에서 가장 커다란 걸림돌이 빠져 나오는 시간이기도 합니다.

난처해하고 불편함을 덮으려고 애쓰기보다는 거기에서 새로운 단계로 나아가는 선택을 할 수 있습니다. 이런 표현이나 대화를 회피하지 말고 경청하고 공감하고 적절하게 그것에 반응해 주면 그분의 마음에 있던 의심과 두려움의 안개가 거치고 햇빛이 비치는 순간이 될 수도 있을 것입니다.

c. 진리 나누기

궁극적으로 전도의 시점은 성령께서 인도하실 것입니다. 어쩌면 첫 순간부터 진리를 전해야 할 때가 있습니다. 성령께서 그런 마음을 주실 때가 있습니다. 필자도 어떤 분들을 만나면, 만나는 날 예수님을 전합니다. 성령께서 그분 안에 있는 복음의 접촉점을 만나게 하실 때 복음을 전하고, 예수님을 영접하실 수 있도록 초청합니다. 카페에서도, 가정에서도, 교회에서도 이루어질 때가 있습니다. 개인심방 때에도, 양육이나 훈련 때에도 기회가 열릴 때가 있습니다. 그때 전합니다.

그러나, 주님께 마음이 열리지 않으면 급하게 복음을 전하려고 다가가지 않습니다. 남편과 아버지로서 삶을 살아가는 멘토로, 친구로, 만남의 자리를 꾸준히 지켜 가는 데 더 중점을 둡니다.

특히 우리의 삶에 찾아오는 수많은 문제의 골짜기들을 지나갈 때, 우리는 복음을 전할 수 있는 기회를 가질 수 있습니다. 죄를 설명하고 복음을 설명하고 하나님의 의도와 계획을 설명할 수 있습니다. 그것이 예수님을 믿고 영접하는 기회가 될 수도 있습니다. 기회는 찾아옵니다.

진리를 이해하고 깨닫는 데는 시간이 필요합니다. 기다려 주어야 합니다. 스스로 '내 삶에 이보다 더 필요한 것이 있구나!'를 발견하도록, 그 호기심이 예수님께 이어지고, 종국에는 성경을 깨닫고 성경에 약속하신 그리스도를 만나도록 도와주어야 합니다.

그리고 무엇보다 성령의 도우심을 구해야 합니다. 누구든지 성령으로 아니하고는 예수를 주시라고 할 수 없습니다. 성령의 때를 기다리고, 성령 안에서 진리를 전할 순간을 항상 예비해야 합니다.

5. 진리에 사랑을 더함

우리가 진리를 알고, 진리를 전하기 원한다면 이 모든 것에 꼭 더해야 하는 일이 하나 있습니다. 먼저 같은 주님 안에 있는 교회의 형제자매들 안에서 사랑의 관계를 세워 가는 것입니다. 나와 다른 생각을 가지고 있는 하나님을 사랑하는 사람들을 어떻지 이해하고 사랑하는지, 우리 안에서 먼저 사랑해야 합니다.

여와 야, 남과 여, 세대와 지역, 학벌과 이익으로 철저하게 나뉘어 있는 세상에서, 나와 다른 사람들을 사랑할 때 세상은 진리가 무엇인지 진리가 어디에 있는지를 알아볼 것입니다.

우리가 만약에 하나님의 지식을 알고 있다면, 그 모든 지식은 우리를 하나님의 체온과 예수님의 사랑으로 인도할 것입니다. 왜냐하면 진리이신 예수님은 사랑이신 예수님이시기 때문입니다.

요한일서 3:16

그가 우리를 위하여 목숨을 버리셨으니 우리가 이로써 사랑을 알고 우리도 형제들을 위하여 목숨을 버리는 것이 마땅하니라

우리는 진리이신 예수님을 만났습니다. 그리고, 예수님을 만나서 사랑을 알았습니다. 그분은 진리이시며, 동시에 사랑이십니다. 우리가 진리를 알고 있다면, 그 진리는 사랑과 하나입니다. 사랑과 나뉠 수 없는 것입니다.

예수님께서는 구약의 율법을 두 가지로 요약해 주셨습니다. 마음과 뜻과 정성을 다해서 하나님을 사랑하는 것과 내 이웃을 내 몸처럼 사랑하는 것입니다. 이 말을 처음 들을 때, 우리에게는 엄청난 부담이 다가옵니다. 사랑이 숙제로 다가오기 때문입니다.

그러나, 이것이 우리에게 먼저 주신 사랑인 것을 안다면, 이 사랑은 결코 부담이나 짐이 아닙니다. 세상 무엇과도 바꿀 수 없는 예수 그리스도의 크신 사랑 안에서 하나님을 사랑하지 않을 수 없습니다.

예수께서 나에게 주신 사랑을 알 때 나의 이웃사랑은 달라집니다. 나를 영원히 사랑하시는 하나님과 교제 가운데 살아가기 때문에, 나는 영원히 사랑할 수 있습니다.

그래서, 요한일서 3장 16절 앞에는 요한복음 3장 16절이 있습니다.

요한복음 3:16

하나님이 세상을 이처럼 사랑하사 독생자를 주셨으니 이는 그를 믿는 자마다 멸망하지 않고 영생을 얻게 하려 하심이라

복음은 나를 사랑하시는 하나님의 이야기입니다. 하나님이 없는 인생은 배가 고파서 독초를 먹는 것처럼 거짓 사랑과 왜곡된 사랑으로 진실한 사랑을 대신합니다. 그러나, 유사 사랑이 하나님의 사랑을 대신할 수는 없습니다. 진리를 떠나 하나님의 사랑을 찾을 수 없는 인간의 결말은 멸망의 길입니다. 사랑이 없으면 누구나 죽음을 맞이합니다. 인생의 죽음은 사랑의 죽음입니다. 사랑이 없을 때 우리는 살 수 없습니다. 사랑이 병들면 인생이 병듭니다. 사랑이 사라지면 인생은 죽습니다.

우리가 비로소 하늘에서부터 이 땅에 오신 독생자를 주신 사랑을 마주할 수 있게 되었습니다. 아들을 주신 사랑을 우리가 무엇으로 표현할 수 있겠습니까? 아들을 주신 분은 또한 무엇을 주시지 못하겠습니까? 요한은 우리가 그분의 사랑 안에 있기에 요한일서 3장 16절에서 교회 안에 있는 형제와 자매들을 주님의 사랑으로 사랑할 수 있다고 전제하고 말하는 것입니다.

물론 교회를 보면서 실망할 일들도 많이 있습니다. '교회가 왜 이렇습니까?'라고 질문을 하고 '어떻게 교회가 이럴 수가 있을까요?'라고 문제 제기를 할 수 있는 부분들도 있습니다.

그 이유는 그 교회에 나 같은 사람들이 모여 있기 때문입니다. 불완전하고 실수투성이에 나밖에 모르고 다른 사람을 배려할 줄 모르는 사람들이 구원받아 모여 있기 때문입니다. 그들이 하나님의 자녀로 살아가는 법을 배우는 곳이 교회입니다. 진리를 배우면서 사랑을 배우는 곳입니다.

진리이신 예수님을 아는 사람은 사랑합니다. 진리를 깊이 깨달을수록 사랑의 깊은 곳에 다다르게 됩니다. 이것이 진리를 아는 자의 모습입니다. 이것이 사랑의 본질입니다. 진리는 사랑과 함께 우리에게 찾아왔습니다.

그리고 우리가 전도하려고 하는 사람들도 천사가 아니라, 나와 같은 사람들입니다. 앞으로 복음을 전하고 주께로 인도하고 예수님을 소개하고 함께 제자가 되어서 그분의 교회공동체를 이루어 가야 할 분들은 다 나와 같은 분들입니다.

우리가 서로 사랑할 때, 우리를 통해서 복음을 전해 들은 사람들은 주님의 사랑이 현실에 존재하는 것을 확인할 수 있습니다. 그리고, 그 사랑이 나에게도 찾아올 수 있다는 것을 기대할 수 있습니다. 나도 저 공동체 안에 들어가서 하나님 나라 공동체의 '사랑의 관계의 일부'가 될 수 있다는 희망을 갖게 될 것입니다.

감사하게 주님의 사랑은 오늘도 우리에게 부어지고 있습니다. 성령 안에서 우리는 그 사랑의 충만으로 살아갑니다. 우리 안에 부어 주신 예수 그리스도의 넘치는 사랑으로 진리를 증거하는 주의 제자들이 다 될 수 있기를 바랍니다. 이 시대를 살아가는 예수 그리스도의 제자들을 오늘도 응원합니다.

시드니다음교회 5가지 핵심가치 이야기

시드니다음교회를 개척하기 전에 '교회를 개척한다면 그 교회는 어떤 교회여야 하는가?'에 대해서 정리하고 준비하는 시간을 가졌습니다. 그동안 공부했던 교회론, 역사 속의 교회들, 내가 경험한 건강한 교회들과 여러 도시에 주목할 만한 교회들에 대해서 기록한 책들, 그리고 교회에 대한 각성과 변화를 촉구하는 책들, 내가 참여했던 세미나들과 방문했던 교회들, 만나서 대화하고 묻고 메모했던 여러 목사님들과의 대화들을 다시 열어서 돌아보았습니다.

그 과정에서 가장 중요하게 고려했던 부분 중 하나는 시드니라고 하는 도시에 살아가는 이민자들이었습니다. 성도들과 비신자들, 그리고 교회를 떠난 분들과 교회를 좋아하지 않는 분들의 의견들을 듣기 위해서 시간을 내고 기회를 만들어서 대화하는 시간을 가졌습니다.

대화들을 나누는 가운데 지금까지 해 온 작업들을 정리하려는 생각을 가지고 노트북을 열었습니다. 어떤 교회여야 하는지 정리가 필요했습니다. 출발은 미미했는데 할수록 교회의 조감도가 눈앞에 나타나 있었습니다.

사람들에게 들었던 교회의 문제부터 시작해서, 우리의 교회가 무엇을 회복해야 하는지에 대한 성경과 신학적인 통찰들, 그리고 구체적으로 실제적인 교회의 모습이 되고 현실이 되기 위해서는 무엇을 해야 하는지에 대한 커리큘럼까지 A4용지로 17장이 정리가 되었습니다. 이것이 시드니다음교회의 DNA를 담은 개척설계도가 되었습니다. 이 개척계획서를 들고 개척을 준비하고 기도하고 실제로 개척을 시작했습니다.

이 개척백서를 준비하면서 성경적인 교회의 모습을 다시 정리해 갔습니다. 역사적인 교회의 반추를 통해 우리가 추구해야 하는 교회를 복기해 갔습니다. 가장 건강한 교회들은 어떤 특징들이 있는지 묻고, 호주 시드니라는 도시에 있는 이민자들에게 가장 필요한 교회의 모습은 무엇인지 물었습니다. 그런데, 신기하게도 각각의 부분에서 교집합이 만들어져서 5가지의 공통적인 내용이 발견되었습니다. 개인적으로 이 과정과 결과는 놀라운 경험이었습니다. 성령께서 정리해서 주신 것 같았습니다.

이 개척백서는 크게 두 가지의 역할을 해 주었습니다. 먼저, 나와 성도들에게 우리 교회가 추구해 가는 방향과 가치가 무엇인지를 이해할 수 있도록 도와주었습니다. 교회를 개척하는 목회자도 명확하지 않고 설명할 수 없는 교회의 설계도를 성도들이 알아서 이해하고 개척의 동역자가 되는 것은 불가능합니다. 이 핵심가치는 우리 교회가 어떤 교회인지를 알 수 있는 구체적이고 현실적인 조감도가 되어 주었습니다.

둘째, 무엇을 해야 할지를 알게 해 주었습니다. 하나의 교회가 개척되는 순간부터 모든 것을 다 할 수는 없습니다. 특히 시드니다음교회처럼 몇 명이 집에서 모여 개척된 교회는 더구나 그렇습니다. 이 핵심가치는 다음과 같은 질문에 자연스러운 답이 되어 주었습니다.

'교회가 해야 하는 가장 본질적인 일은 무엇인가?', '교회가 가장 중요하게 여겨야 하는 것은 무엇인가?', '모든 것을 다 할 수 없다면 꼭해야 하는 것은 무엇일까?' 이것에 따라서 교회 사역의 우선순위가 정리되었고, 이것에 초점을 맞춰서 사역을 감당했습니다. 모든 것을 다 할 수도 없고, 다 할 필요도 없었습니다.

이 장에서는 이 핵심가치가 어떻게 나오게 되었는가?에 대해서 살펴보도록 하겠습니다. 특히 이민교회와 이민자들의 삶의 자리에 필요한 교회를 찾아가는 과정에 초점을 맞춰서 정리하도록 하겠습니다.

1. 왜 또 하나의 교회가 필요한가?

'왜 또 하나의 교회가 필요한가?' 이것은 앞에서도 말했던 것처럼 마음에 계속 드는 질문이었습니다. 반드시 해결해야 하는 부분이었습니다. 많은 분들께서 교회가 너무 많다고 이미 느끼고 있었습니다. 교민 숫자에 비해서 교회 숫자는 이미 포화였습니다. 게다가 지금 있는 교회들도 여러 가지 어려움들을 안고 있었습니다. 거기에 또 하나의 교회를 더해야 하는가? 더할 필요가 있는가? 그 문제들을 효과적으로 극복해 내지 못한다면, 또 하나의 교회는 별 의미가 없이 느껴졌습니다.

　그렇다면, 해결해야 할 문제들은 무엇인가?

　첫째, 예배에 대한 문제입니다.

　가장 먼저 들린 이야기들은 예배에 대한 것이었습니다. 음악은 전통적이고, 설교는 교리적이고 권위적이다! 이런 이야기들이 많은 분들의 입에서 나왔습니다. 교회의 문화가 이질적이고 와닿지 않는 것입니다. 사회의 하부문화로서 존재하며 스스로 안에 고여 있어서 보편성을 갖지 못한다는 인상을 받았습니다.

　성경의 메시지를 중심으로 전해져야 하는 설교는 신학적인 내용이 주를 이루고 개인적이고 주관적인 어조로 전해진다는 호소들이 있었습니다. 오늘날의 문화 속에서 복음을 전하고 복음 안에서 살아가기 위한 설교의 적실성을 잘 살리지 못하고 있다는 것입니다.

　삶은 21세기를 살고 있는데 예배는 19세기로 다녀오는 것입니다. 일주일에 한두 번씩 타임머신을 타고 들어갔다가 다시 나오는 것을 반복합니다. 성경에 나오는 용어나 문체도 낯설고 어렵습니다. 드라마보다는 사극에 가깝습니다.

　그 속에서 하나님의 임재를 경험하는 예배, 성령의 음성으로 들리는 설교, 하나님의 영광을 높여 드리는 찬양을 기대하는 것은 어려울 것입니다.

　둘째, 그리스도인들의 삶의 문제입니다.

어떤 분은 "그 사람이 교회 간다면 나는 절대로 교회를 안 나간다." 라고 하셨고, 심지어는 "그 사람이 가는 천국이라면 나는 절대로 안 간다."라고 하신 분들도 계셨습니다. 절대로 잊을 수가 없는 말이었 습니다.

믿음은 믿음이고, 삶은 삶이라는 이원론적인 틀이 자리 잡고 있기 때문에 나올 수 있는 말이었습니다. 교회의 안과 밖 사이에 둘러쳐진 경계선을 따라 둘로 나눠진 세계에서 다른 모습으로 살아가다 보니 들을 수 있는 말이었습니다. 교회와 사회에서 다른 모습으로 나타날 때, 사회에서는 혼란을 느끼고 믿음에 대해서 불신을 드러냈습니다.

이것은 단지 개인의 차원에 머무르는 문제가 아니었습니다. 그 삶들이 모여서 교회를 이루기 때문입니다. 개인의 삶의 문제는 공동체에도 투영되어 나타납니다. 교회의 존재 방식과 운영에도 영향을 미치고, 그리스도인 개인뿐 아니라 공동체로서의 교회가 어떤 곳인지를 사회에 보여 주는 단면이 될 수도 있었습니다.

셋째, 가정과 공동체의 어려움입니다.

모든 이민의 가정들은 대화의 단절과 삶의 높은 스트레스 지수 안에 살아갑니다. 함께 있는 시간도 턱없이 부족할 뿐 아니라, 함께 있어도 어떻게 함께 있어야 하는지에 대한 구체적인 방법론의 미숙함 등으로 많은 어려움을 겪고 있습니다.

부부관계, 부모와 자녀의 관계에 있어서 건강한 가정을 꿈꾸지만, 실제로 그곳으로 가는 가정은 많지 않습니다. 교회의 많은 메시지와 행사들은 교회 안에서 끝나 버릴 뿐 가정의 변화를 이끌어 내지 못하고 있습니다.

이것은 교회에서도 마찬가지였습니다. 교회가 단체나 조직으로 존재해서, 내가 마음을 열 수 있는 가족공동체는 되지 못합니다. 나를 드러낼 수 없고, 나를 표현할 수 없습니다. 내가 아니라, 그곳에 가면 해야 하는 말들과 행동들이 있습니다. 원래 내 모습의 변화와 성숙이 아니라, 특정한 공간과 시간 안에서 변신이 일어나는 것입니다.

진실한 공동체로서의 교회가 유사공동체로서 머물러 있습니다. 이것은 그리 간단한 문제는 아닙니다. 우리의 인격과 관계를 왜곡시키고 결국은 영적인 하나님과의 관계에도 영향을 줍니다.

넷째, 지역 사회 속의 영향력 부재입니다.

교회는 사회 속에서 구심력 중심으로 형성되어 있습니다. 교회는 세상 속에 있는 사람들에게 자신들을 위한 그룹으로 비춰집니다. 교회가 담당하는 대사회적인 영역들이 적지 않음에도 불구하고 교회가 사회에 무관심하고 사회적인 영역에 대해서 폐쇄된 공동체로 느끼는 이유는 교회가 조망하는 시야가 교회를 넘지 못하고 있기 때문입니다.

교회가 하는 일들의 대부분은 비신자들과 사회적인 영역에 관계된 것은 아닙니다. 특히 오랜 시간 교회에 영향을 주었던 '교회성장이론'은 교회 스스로 내부적 관점으로 자신을 볼 것을 격려했습니다. 외부에 관심을 가졌지만, 이유는 내부를 위한 것이었습니다.

복음이 들어오고 선교와 전도의 시기를 보내고, 핍박과 시련의 시대를 통과한 한국 교회는 사회로부터의 구별된 정체성을 필요로 했습니다. 믿음을 가지고 있다는 것만으로 사회에서는 독특한 존재로 받아들여졌습니다. 사회적인 보편적 가치와 사상, 종교와 다른 길을 걷는 사람들이었습니다.

이런 흐름을 통해서 본다면 교회의 대다수 성도들의 관심이 사회로 이어지지 않고 있는 것은 당연해 보입니다. 교회는 세상의 한가운데서 사회의 일원으로 살아가는 사람들로 이루어져 있지만, 세상과는 동떨어진 자리에 있습니다.

다섯째, 땅끝의 부재입니다.

예수님께서 말씀하신 땅끝은 보통 네 가지로 정의합니다. 먼저 예루살렘입니다. 예루살렘에서 시작한 복음의 마지막 지점은 예루살렘입니다. 둘째, 땅끝은 모든 족속들입니다. 셋째, 땅끝은 모든 영역들입니다. 우리의 일터 즉, 직업 영역입니다. 넷째, 땅끝은 다음 세대입니다.

첫 두 가지는 전통적인 해외 선교와 관계가 있는 것이고, 셋째는 우리의 일상적인 삶의 영역입니다. 넷째는 다음 세대 즉, 자녀들에 대한 것입니다. 셋째까지가 동시대에 지역적이고 인종적이고 사회적인 영역으로 펼쳐지는 수평적인 선교라면, 마지막은 믿음의 세대계승이라고 할 수 있는 수직 선교라고 할 수 있습니다.

이민교회들의 척박한 현실은 선교까지 신경을 쓸 수 없을 때가 많습니다. 현실적인 필요가 너무 크기 때문입니다. 주님께서는 예루살렘부터 땅끝을 동시에 말씀하셨는데, 예루살렘이라는 자신의 주변부 이상을 벗어나기 어려운 현실은 생각보다 큰 장벽입니다. 그리고, 다음 세대를 준비하는 것도 어려움을 겪고 있습니다.

이민의 역사가 길지 않은 호주는, 영국의 영향을 받은 전통적이고 제도적인 교계 분위기와 세속적인 가치와 라이프 스타일을 추구하는 문화가 공존하는 곳입니다. 이런 도시 풍토에서 교회가 세워지고 주의 부르심과 사명을 감당하기 위해서 많은 선배 목회자들과 성도들의 눈물과 땀, 그리고 기도가 있었습니다.

우리의 부모 세대, 선배 세대의 수고와 인생을 드리신 헌신은 기억하고 감사하고 계승해야 할 영적 유산이고 교회의 양분입니다. 동시에 변해 가는 시대와 달라지는 세대들 속에서 교회는 계속해서 갱신되어야 하고, 개혁되어야 하는 사명이 있습니다.

이런 이야기들을 보면서 필자는 왜 그런 문제들이 발생하는지 이유들을 한번 생각해 보게 되었습니다.

2. 왜 이런 문제들이 발생을 하는가?

첫째로, 예배의 문제는 문화와 진리의 '개념혼란'과 설교로 나누어서 생각해 볼 수 있습니다. 먼저, 문화와 진리의 개념에 대한 혼란이라는 말은 자신들의 민족이나 세대, 혹은 교단이나 개교회의 문화적인 타입을 진리로 인식하고 받아들이는 것입니다. 외부에서 볼 때 이런 공동체의 모습은 이질적입니다. 자신들 안에서는 자연스럽고 편안하지만 실제로는 자신의 문화라는 틀 안에 갇혀서 존재하고 있는 모습입니다.

그리고, 자신의 교회 울타리 안에 찾아오는 다른 사람들, 다른 세대에게도 그것을 강조하게 됩니다. 문화가 교리화되어 모든 사람들에게 전해져야 한다고 믿습니다. 모든 사람들이 그렇게 행동하고 반응하고 동화되어야 한다고 여깁니다. 이것이 지속되면 문화포용성이 줄어들다가 다른 문화적인 요소를 가지고 있는 사람들이나 세대를 품을 수 없게 됩니다. 문화적인 차이를 진리의 문제로 인식하는 현상은 모든 교회가 겪을 수 있는 현상이고, 교회의 성숙지표로 연결되어 있는 중요한 과제이기도 합니다.

설교는 세 가지의 방식으로 본 모습을 잃을 수 있습니다. 먼저, 비신자들과 성도들의 삶의 자리를 소중하게 생각해서 그곳에서부터 출발을 하고 그곳을 살아가는 실제적인 내용을 준비하다가 길을 잃는 경우입니다. 목회적이고 선교적인 접근을 시도하다가 사람과 사회와 우리가 살아가는 세상에 대한 이야기만 하다가 마는 것입니다. 하나님의 말씀과 예수 그리스도의 은혜의 복음이 빠져 버립니다.

다음은, 오랜 역사와 전통을 가진 교단들이 흔히 빠질 수 있는 전통적 형식의 교리화입니다. 이것은 일반교단들에서도 나타나지만 보수교단들에서 경향성이 더 짙어집니다.

보수교단들은 물려받은 진리의 내용과 교리를 지키기 위해서 많은 노력을 경주합니다. 그러나 그들에게 일어나는 보수적인 경향성은 내용뿐 아니라 표현방식에 있어서도 정해진 틀과 패턴을 고수하려는 모습으로 나타나곤 합니다. 이런 신학적 보수성이 문화적 보수성과 함께 묶여서 진리는 잘 드러나지 않고 진리를 싸고 있는 전통이라는 갑옷이 더 크게 보이는 것입니다.

그리고, 설교에서 하나님의 말씀보다 설교자의 내면 상태가 더 크게 반영될 수 있습니다. 목회자들의 삶은 개인의 삶의 한계, 이민자로 살아가는 소수자로서 겪는 어려움들, 성도들과의 관계의 문제, 교회의 현실적인 문제들에 겹겹이 둘러싸여 있습니다. 그것들이 설교자의 내면에 쌓이고, 암암리에 예배의 청중들에게 흘러나올 수 있게 되는 것입니다.

둘째로 훈련의 부재입니다.

훈련의 부재의 다른 표현은 영적인 성숙의 부재입니다. 교회를 다니지만 세상의 습관과 관습이 교회에서도 견고해지고 굳어집니다. 주님의 관점으로 본다면 여전히 영적으로 어린아이 같은 수준을 벗어나지 못하고 있는 것입니다. 성숙의 기준 중에 하나는 교회에 다니고, 교회에 나가는 횟수가 늘어나고, 교회에 기여하는 숫자상의 통계나 직분으로 나타날 수 있습니다. 그러나 그것이 전부는 아닙니다. 그것은 전체의 일부입니다.

많은 교회는 전통적인 예배나 회의 중심으로 운영이 되기 때문에 양육과 훈련이 약합니다. 훈련이 시행된다고 하더라도 성경공부 정도에서 끝나 버립니다. 그나마 영적 권위를 인정하지 않고 인식도 희박한 이민자들의 정서 속에서 누군가에게 양육을 받고 훈련을 받는 것은 분명히 쉽지 않은 일입니다.

교회는 제자가 되고 제자를 삼는 곳입니다. 제자는 예수의 주권을 인정하는 사람입니다. 예수께서 모든 것의 통치자이심을 고백하며 그분을 따르고 그분께 순종하는 사람입니다. 예수와 동행하는 한 사람이 되고, 예수의 뜻이 내 인생의 계획과 목적이 되는 한 사람입니다.

우리가 예수 그리스도의 제자가 되고, 제자 삼아 서로의 성장을 격려하고, 함께 예수 그리스도의 장성한 분량이 충만한 데까지 이르러 간다면, 자라갈 영역은 단지 교회 안의 영역만이 아닐 것입니다.

훈련의 영역은 전인적인 차원입니다. 사고의 훈련과 동시에 관계의 훈련, 주님과의 교제의 훈련, 섬김의 훈련과 삶의 현장에서 믿음으로 살아가는 경험 등을 통해 결국은 믿음으로 살아가는 생활신앙인이 되는 것입니다. 그리고 자신과 같이 살아가는 사람을 세우는 증거와 양육의 재생산이 일어나게 됩니다. 이것이 건강한 예수님의 제자의 복음증거와 제자양육입니다.

이것이 예수님께서 제자들을 세우셨던 방식입니다. 이 훈련은 특정 대상이나 특정 부류의 사람들에게만 요구되는 것이 아닙니다. 모든 곳에서 그리스도인으로 살아가는 열린 과정으로 모든 성도에 대한 것입니다.

셋째는 교회 사역의 영역에 대한 혼란입니다.

사역은 교회 안에서만 하는 것이 아닙니다. 사역은 내 안에서부터 일어나는 것입니다. 사역의 일번지는 나의 내면, 나의 영혼입니다.

다른 곳이나 사람을 위해서 사역하기 이전에 가장 먼저 사역해야 하는 곳은 나의 영혼입니다. 나를 제대로 목양하고 목회하지 못하면 다른 사역의 열매도 기대할 수 없습니다. 결국 '모든 사역은' 로버트 클린턴 교수가 쓴《영적 지도자 만들기》에 나오는 표현처럼 '나의 존재에서부터 나오기 때문'입니다.

나에서 시작한 사역은 더 넓은 영역으로 흘러갑니다. 사역은 우리의 가정에서 일어나는 것이고, 우리의 공동체에서 일어나는 것입니다. 그리고 우리의 직장에서 일어나는 것입니다.

교회의 사역은 그리스도인으로 부름받고 살아가는 모든 곳, 모든 사람들, 모든 상황에 대한 것입니다. 한 개인이나 하나의 교회가 모든 사역을 다하지는 않지만, 각자 부르심의 다양한 영역에서 섬길 때, 그 모든 사역의 합이 모든 영역과 민족 속에 거대한 하나님의 나라를 이루어 갈 것입니다.

넷째는 교회 사역의 본질에 대한 혼란입니다.

오늘날에도 '사역의 본질'을 행사로 생각하기 쉽습니다. 사역이 대부분 교회 안에서 행해지는 이벤트로 존재하기 때문일 것입니다. 그러나, 사역의 가장 중요한 본질은 한 사람과 주님의 관계 변화입니다. 주님 안에서 다른 사람과의 관계가 회복되는 것입니다. 그 관계들이 우리의 사역의 중심대상입니다. 나와 이웃의 관계 회복입니다.

주님과의 관계, 나와의 관계, 가정의 관계, 공동체의 관계, 사회 속에서의 관계를 회복하고 재건하고 주 안에 빚어 가는 것이 사역의 핵심입니다. 그것을 위해서 주께서 오셨고, 교회가 해야 하는 사역의 본질입니다.

다섯째는 가치의 오해에서 비롯된 것입니다.

가치란 교회가 무엇을 중요하게 생각하는가에 대한 것입니다. 교회를 개척하고 교회가 존재하게 되면, 가장 크게 와닿는 것은 생존입니다. 교회를 유지하는 것입니다. 기본적인 필요가 채워지고, 인력과 재정과 적절한 변화의 흐름들이 만들어져서 안정적인 교회로 자리를 잡는 것입니다.

생존에 더해서 무엇인가를 하기 위해서는 어느 정도의 규모와 성장이 받쳐 주어야 한다고 생각합니다. 먼저 자신들이 생존을 해야 복음을 전하고, 선교를 하고, 사회에 참여를 하고, 다른 사람들에게 도움의 손을 내밀 수 있다고 전제합니다.

앞으로 어떻게 될지 모르는 두려움의 엄습은 우리에게 주님의 나라를 위해서 첫 번째를 드리는 것을 망설이게 합니다. 생존과 유지가 먼저이고 주님의 명령과 주님의 나라는 두 번째가 되곤 합니다. 이것이 시간이 지나다 보면 그대로 습관이 됩니다. 믿음의 모험도, 재정적인 헌신도 하지 못합니다. 안전과 미래에 대한 대비가 확실해질 때까지 기다립니다.

그러나, 그것은 끝이 없습니다. 교회의 필요는 계속 커지기 때문입니다. 이것은 처음부터 하지 않으면 어렵습니다. 처음부터 주의 부르심에 순종할 때 후에도 순종할 수 있습니다. 이것은 순종의 주제이기도 하지만, 신뢰의 주제이기도 합니다. 처음부터 주를 신뢰할 때 후에 도 주를 신뢰할 수 있습니다. 처음부터 주를 신뢰함으로 주께 순종하 면 뒤에 더 큰 일도 할 수 있습니다.

이것은 처음부터 해야 하는 일입니다. 교회는 처음부터 복음을 전하기 위해서, 다른 사람들을 섬기기 위해서 존재합니다. 그것은 교회의 안정과 순서의 문제를 다투어야 할 것이 아닙니다. 교회의 존재 이유입니다. 교회가 무엇을 우선시하는가에 대한 가치 문제입 니다.

생존은 전도와 사회적인 섬김, 그리고 선교와 우선순위를 겨루어야 하는 문제가 아닙니다. 이 둘은 함께 연결되어 있습니다. 전후의 문 제가 아니라 공동운명체입니다. 이것들은 나눌 수 있는 것이 아닙니 다. 생존은 전도와 섬김과 선교를 통해서 이루어지는 것입니다.

전도하는 교회가 생존하고, 사회에 가장 귀한 것을 나눌 때 교회는 유지되고, 복음을 전하고 하나님 나라를 위해서 헌신할 때 교회는 건 강한 성장, 온전한 성장을 할 수 있습니다.

다른 사람들을 섬기거나 복음을 전하는 것은 '그들을 위해서 유익 한 일'만이 아닙니다. 나와 우리 교회가 행복하고 건강해지는 가장 분 명하고 정확한 길이기도 합니다. 교회는 '생존의 가치'에서 '사명의 가 치'로 나와야 합니다. 우리를 위한 가치가 하나님 나라의 가치로 변할 때 교회는 교회 될 수 있습니다.

그렇다면 여기에서 우리는 어떻게 해야 하겠습니까?

3. 대안은 있는가?

첫째, 하나님을 향한 예배를 회복하는 것입니다.

예배의 두 가지 문제가 문화의 진리화와 상황이 주는 영향이라고 했습니다. 때로는 문화가 진리가 되고, 때로는 자신들의 틀이 진리의 자리를 대체하고, 때로는 설교자의 내면을 채우고 있는 것들이 진리를 대신해서 증거되기도 합니다. 이것을 회복할 수 있는 길은 진정한 예배의 회복이라고 말할 수 있습니다.

이렇게 문화가 두드러져 보이고, 설교자가 두드러지고, 신학이 두드러질 때 '정말 문제'가 하나 남게 되는데, 예배에 하나님께서 보이지 않는 것입니다. 예배를 위해서 모였지만, 하나님의 임재와 그분의 영광과 그분을 향한 전적인 헌신과 삶의 위탁이 보이지 않습니다. 이질적인 문화가 감지되고, 설교자가 보이고, 이론이 학습됩니다.

예배의 주인은 하나님이십니다. 예배는 예배하기 위해서 모인 사람들의 공간과 시간, 그리고 참석한 사람들의 활동으로만 한정할 수 없는 것입니다. 문화와 설교의 문제보다 앞에 있는 예배의 가장 중요한 질문은 "우리를 지으신 하나님의 영광 앞에서 그분의 백성들이 찬양하고 그 이름을 높여 드리고 있는가?" 하는 것입니다. 문화도, 설교자도, 신학도 하나님을 위해서 존재하는 것입니다.

예배는 하나님의 하나님 되심, 하나님의 주 되심, 하나님의 구원의 역사, 그분의 완전하심과 아름다움 앞에서 무릎 꿇어 찬양하고 경배하는 것입니다. 하나님만이 왕이시고, 하나님만이 홀로 열방의 주가 되시고 그분의 백성들을 다스리시고 통치하심을 고백하는 것입니다.

예배에 대한 이야기에서 관점을 예배자로 바꿔서 말을 하면 참된 예배자는 인생의 주인이 바뀐 사람입니다. 내가 아니라, 세상이 아니라, 나에게 익숙한 문화나 교단의 신학이나 경험이 아니라, '하나님께서 내 인생과 역사, 가정과 우주의 주인이신 것을 고백하는가?' 하는 문제입니다. 하나님을 만나고, 이 세상의 진정한 이야기를 말씀하시고 지금도 쓰고 계시며 앞으로 완성하실 하나님께 사로잡히는 것입니다.

이 포인트를 놓치게 되면, 우리는 예배에서 부분적일 수 있는 것들을 절대화하거나 우상화하게 됩니다. 예배가 사람의 활동이 되고, 사람을 만족시키는 활동이 되고, 사람들의 문화가 가장 중요해지고, 그들의 역사와 전통이 가장 중요해 집니다.

우리가 전심으로 예배한다면 그곳에는 영원하시고 영광스러우신 하나님 앞에 피조물로 서 있는 자신을 발견하는 일들이 일어날 것입니다. 누더기를 걸치고 서 있는 죄인을 받아주시고 하늘의 영광스러운 옷으로 입혀주시는 주를 만나는 감격이 있을 것입니다. 하늘의 은혜로 거듭나고 심령이 변화되어 새로운 인생을 사는 일들이 일어날 것입니다.

우리가 진정으로 하나님 앞에서 예배를 드린다면, 우리가 중요하게 생각하던 것들은 모두 두 번째, 세 번째, 네 번째가 되어 있을 것입니다. 그것들은 보이지 않게 될 것입니다. 하나님의 임재만이 우리에게 남게 될 것입니다.

그래서 예배는 은혜의 현장이기도 하지만, 영적 전쟁의 현장입니다. 우리의 영혼과 심령은 계속해서 세상과 죄에 붙들려 있기를 원합니다. 그런 우리의 욕구와 갈망을 주 예수 그리스도 앞에 굴복케 하고 하나님을 향한 예배자로 세우는 성령의 손길이 있습니다.

예배는 행위가 아니라, 두 영적 세계의 전쟁터입니다. 승리하신 예수 그리스도의 통치에 저항하는 어둠의 영들의 마지막 저항이 있는 곳입니다. 그래서, 한 사람의 예배자가 세워지는 것은 한 영혼이 거듭나고 구원받는 것에서부터 시작합니다.

한 사람의 예배자를 세우기 원하는 교회는 한 영혼을 얻기 위한 진리의 싸움에 임하는 중입니다. 이것을 위해 교회는 은혜의 복음을 설교하고, 예수 그리스도를 영접하고, 하나님의 통치 앞에 굴복하고 영원한 생명의 왕이 되신 예수 그리스도를 따를 것을 요구할 수 있어야 합니다.

진리이신 그리스도를 증거하고 유일한 길이신 예수 그리스도께로 나오도록 제시해야 합니다. 그 길이 가장 탁월한 인생의 선택이며, 우리 시대의 그 어떤 이론과 사상보다 우월한 것을 설득해야 합니다.

그때 우리는 비로소 예배받으시기에 합당하신 분을 예배하게 됩니다. 그것이 예배와 예배자를 세우는 길입니다.

둘째는 통전성(한결같음, Integrity)을 추구하는 것입니다.

우리는 개인적으로 있을 때나, 가정에 있을 때나, 직장에 있을 때나 똑같은 사람입니다. 어느 곳에서나 주님과 함께 살아가기 때문입니다. 믿음은 영역의 문제가 아니라, 동행의 여정입니다. 종교인으로서 직업적인 경건과 능력이 아니라 일상 속에서 주와 함께 살아가는 변화가 우리에게 주신 예수님의 선물입니다.

한국 사회와 호주 사회 사이에서도, 그리고 교회와 세상 사이에서도 그렇습니다. 주께서 모든 나라의 주인이 되시고, 주께서 교회와 피조세계의 주인이시므로 우리는 어느 곳에서나 주의 백성으로 살아갑니다. 이것은 결코 특별한 일이 아닙니다. 그리스도인이 된다는 것은 어느 곳에서나 예수와 함께 동행하며 살아가는 것입니다.

필자가 이것을 위해서 헌신해야겠다고 작정한 때는 고 옥한흠 목사께서 '평신도를 깨운다' 세미나에서 했던 《광인론》의 강의를 들은 뒤부터였습니다. "한 영혼에게 미치라."라는 외침은 한 영혼의 제자화에 집중하는 계기가 되었습니다.

그리고, 계속해서 양육과 훈련을 하면서 제자를 세우는 사역은 스스로가 예수의 제자가 되고 예수의 제자로 살아가지 않으면 불가능한 사역이고, 제자를 삼기 위해서 처음부터 마지막까지 헌신되어 있지 않으면 할 수 없는 것도 알게 되었습니다.

시드니다음교회는 이것을 위해서 교회를 소개하는 새가족반을 마친 후에 다양한 양육과 훈련 과정을 준비합니다. 먼저는 개인적인 훈련 과정으로 기본적인 복음과 복음 안에 있는 삶을 나누는 생명의 삶과 일대일, 제자로서의 삶을 훈련하는 제자훈련반의 과정이 있습니다.

가정을 위한 양육과 훈련으로 아버지학교와 어머니학교 부부학교와 자녀교육 과정이 있고, 교회를 위한 양육과 훈련 과정으로 교회를 섬기는 동역자로 준비되는 사역자반과 순장학교 등이 있습니다. 그리고 사회와 세상을 위한 양육과 훈련 과정과 성경을 배우는 성경학교 과정이 있습니다.

양육과 훈련에서 이것과 함께 꼭 필요한 것이 교회공동체입니다. 한쪽은 교실에서 배우고, 한쪽은 삶에서 배웁니다. 한쪽은 복음을 이해하지만 한쪽은 복음을 인격으로 경험합니다. 교회와 가정과 일터가 믿음 안에서 연결되는 그리스도인으로 자라갑니다. 교회는 우리의 모든 것이 주를 닮아 가는 양육과 훈련의 공동체입니다.

공동체 안에서 서로가 서로에게 자신의 모습을 공개하고, 거기에서부터 자라 갑니다. 진정한 삶의 통합적 변화가 공동체라는 토양에서 이루어집니다. 그래서, 최상태 목사는 《이것이 가정교회다》에서 제자훈련과 건강한 소그룹 공동체가 함께 있어야 함을 주장합니다. 공동체는 함께 제자가 되고 함께 자라 가도록 도와주는 지지자들이고 후원자들이며 기도의 은인들입니다. 건강한 교회 소그룹은 서로가 서로를 배우는 공동체적 제자훈련입니다.

셋째로 가정과 가족공동체의 회복도 절실합니다.

서구 사회 속에서 가정은 상대적이고 개인주의적인 가치관으로 인해서 위기를 맞고 있습니다. 가정을 이룬다 해도 가정에서 어떻게 남편과 아내로 살아야 하는지, 어떻게 부모로 살아야 하는지 사회가 주는 대안이 부재합니다.

특히 호주에서 교육을 받고 살아가면서 건강한 부모의 역할을 경험하지 못한 젊은 세대들에게 가정은 절실한 필요이면서 동시에 절박한 부담입니다. 그들에게 가정은 사역의 연장이 아니라, 사역의 중심입니다. 그러나, 이것은 주님의 바램이기도 합니다. 주님은 가족 같은 교회가 건강하게 서길 원하시는 것처럼 교회와 같은 믿음의 가정이 또한 건강하게 서길 원하시는 분입니다.

건강한 가정이 이루어지는 곳에 건강한 교회가 있습니다. 건강한 교회를 세우기 원한다면 건강한 가정을 세워야 합니다. 이 둘은 나눌 수 없습니다. 서로 유기적으로 연결되어서 서로에게 긴밀한 영향을 주고받기 때문입니다.

이것을 위해서 교회는 몇 가지 노력이 필요합니다. 먼저, 가정을 위한 프로그램과 가정을 세우기 위한 구체적인 과정을 제시해 주어야 합니다. 두 번째, 가정이 사역의 한 부분이 아니라 전체 공동체의 삶과 사역의 중심에 있어서 항상 공동체와 함께 고려하고 배려해야 합니다. 세 번째, 교회공동체와 가정공동체의 연동을 위해서 소그룹 공동체의 회복이 이루어져야 합니다.

교회공동체가 중요한 이유는 가정에 대한 동기부여와 실제로 살아갈 수 있도록 구체적으로 도움을 주는 일뿐 아니라, 함께 살아가면서 서로에게 자극과 도전, 응원과 위로를 나눌 수 있다는 것입니다. 이렇게 복음 안에 살아가는 삶을 서로를 통해서 배우면서 가정이 자라고 성숙해 가게 됩니다. 주님의 가정이 서게 되고 주님의 교회가 든든하게 서게 됩니다.

넷째로 세상 속의 교회를 만들어야 합니다.

교회는 세상 속에 존재해야 합니다. 교회는 세상에서 부름받았지만, 세상으로 보냄받은 사람들입니다. 세상을 주께로 인도하기 위해서 교회는 죄에 대해서는 멀리하고 끊어 버려야 하지만, 하나님께서 지으신 이웃에 대해서는 친사회적이어야 합니다.

그리스도인은 믿음의 가치를 가지고 일터와 사회에 전도자의 부르심을 감당하고, 인생의 길 위에서 만난 사람들에게 주 안에 살아가는 길을 소개하는 사명을 가진 존재들입니다.

교회는 전통적으로 기독교 집안에 속한 사람들이나 오랜 시간을 교회 문화 안에 있던 사람들에게 최적화된 공동체를 넘어 사회 속에서 치열하게 살아가는 현대인들을 향한 비전을 품고 있어야 합니다. 그들의 의식과 고민, 현실과 절망을 이해하고, 그들이 가슴에 품고 살아가는 이 세상의 토대를 분해해서 보여 주고 그들이 예수 앞에 나올 수 있도록 준비해야 합니다.

그들의 삶의 자리를 귀하게 여기고 거기에서부터 출발해야 합니다. 낯설고 이질적인 하부문화에 속한 그룹이 아니라 믿음의 상식을 일상적인 상식으로 표현해 내고 그 안에 함께 살아가는 공동체가 되어야 합니다.

우리의 비전은 교회입니다. 세상을 품는 교회입니다. 주님의 마음에는 그리스도인들뿐 아니라 집을 나간 아들도 딸도 있습니다. 그분들에게 상식과 일상적인 언어로 매일 마주하는 상황 속에 주의 은혜를 표현하고 드러내는 교회가 되는 것입니다. 예수님께서 이 시대에 오셨다면 어떻게 사셨을지를 삶에서 실천하는 예수의 제자, 예수의 손과 발이 되는 것입니다.

마지막은 선교하는 것입니다.

서구의 선교는 거대한 패러다임의 변화를 경험하고 있습니다. 로잔 언약 이후에 세계 선교는 개인 구원과 함께 사회적인 책임이 통합되었습니다. 오늘날 선교에 있어서 가장 큰 변화가 있다면 해외에서만이 아니라 국내에서도 전방위적인 사역을 요청하게 되었다는 것입니다. 선교가 달라졌습니다. 몇몇 사람의 헌신과 열정에 의존하던 선교가 전체 공동체중심적인 선교로 변화될 것을 요청하고 있습니다. 바뀌지 않으면 오늘날 변화되는 선교의 요구를 감당할 수 없습니다.

시드니다음교회는 가족교회 중심의 선교로 전환하여 지상명령을 섬기고 있습니다. 초기에는 매년마다 선교사를 한 가정씩 파송하거나 교회를 하나 개척하는 목표를 가지고 집중적으로 감당했습니다. 교회의 전체 예산 중에서 선교비의 비율이 30~35% 정도를 유지하고, 성도들도 교회의 그런 헌신과 열심을 보는 뿌듯함과 자부심이 있었습니다.

그러나, 이런 정책을 바꾸게 된 가장 커다란 계기는 선교하는 교회에 대한 자부심과 뿌듯함을 갖는 것이 아니라 성도들이 선교하는 것이 주님의 뜻이라는 사실을 깨달았기 때문입니다. 우리 교회는 선교 많이 하는 교회이고, 우리 교회는 하나님 나라에 우선순위를 두는 교회라는 만족감은 있지만, 성도들 개개인이 선교사와 선교지를 마음에 품고 기도하고 참여하는 선교는 희미했습니다.

지금은 성도들 중심으로 선교를 개편해서 성도들이 선교의 주체가 되었습니다. 가족교회에서 후원할 선교사를 결정합니다. 가족교회 이름을 선교지의 이름으로 지어서 가족교회의 존재 이유와 선교가 연결되어 있습니다. 선교헌금을 하고 보내는 주체도 가족교회입니다. 선교사를 위해서 모임 중에 직접 기도하고, 말 그대로 선교의 주체가 되어서 선교사와 동역하는 일들을 감당해 나갑니다.

특히 이민자들은 선교를 위해서 준비된 사람들입니다. 언어적, 문화적, 시대적, 성경적, 선교학적 관점에서 이민자들의 정체성은 하나님께서 세상을 섬기기 위해서 준비하신 사람들이라는 것을 확인할 수 있습니다. 이민자들은 선교를 위한 하나님의 작품입니다.

주님께서는 이민자로 이루어진 공동체가 감당하길 원하는 사명이 있습니다. 모든 교회들이 그렇지만, 신약과 구약에 있는 이민자 공동체는 하나님의 부흥의 물결을 위해 마중물처럼 쓰임받았습니다.

성경 속에 나오는 위대한 부흥에는 이민자들이 있었습니다. 하나님은 다양한 문화 속에 적용해서 살아가며 믿음의 백성으로 훈련된 이민자들을 하나님의 특별한 용병처럼 사용하십니다. 주님의 교회는 선교적 공동체입니다. 이민교회는 선교를 위한 특전사들입니다.

우리의 선교의 부르심은 또한 다음 세대를 향한 것입니다. 우리는 다음 세대를 복음으로 세워야 하는 사명이 있고, 동시에 다음 세대에게 선교적인 사명을 물려주어야 하는 사명이 있습니다.

마태복음 28:18-20

예수께서 나아와 말씀하여 이르시되 하늘과 땅의 모든 권세를 내게 주셨으니, 그러므로 너희는 가서 모든 민족을 제자로 삼아 아버지와 아들과 성령의 이름으로 세례를 베풀고, 내가 너희에게 분부한 모든 것을 가르쳐 지키게 하라 볼지어다 내가 세상 끝날까지 너희와 항상 함께 있으리라 하시니라

예수께서 승천하시기 직전에 제자들에게 모든 민족을 제자로 삼으라고 명령하셨습니다. 이것은 모든 지역, 모든 인종, 모든 문화, 모든 언어권에 대한 요청입니다.

이것은 단지 11명의 제자들에게만 주신 내용은 아닙니다. 고린도전서 15장에 나오는 부활의 목격자 명단 중에 오백여 형제에 대한 표현에 대해서 어떤 학자들은 그 시기가 예수의 승천 시라고 언급합니다. 그 견해가 맞다면 이 명령은 예수님의 제자들이었던 사도들에게만 주신 것이 아니라, 그 당시의 모든 교회에 주신 명령이기도 합니다. 이 명령을 들은 사람들 중에 120명 정도가 다락방에서 기도하기 위해서 모인 것을 보면 예수님께서 말씀하신 대상은 최소한 120명은 넘는다고 가정할 수 있고 그렇다면 그 견해는 합리적인 추측이 될 수 있습니다. 그런 의미에서 예수님의 이 명령은 당시의 모든 교회에게 주신 것입니다.

그렇다면, 이 명령은 우리 시대의 모든 교회와 성도들에게 주신 명령이기도 합니다. 우리가 왜 이 명령이 우리들에게도 주신 주님의 명령이라고 확신할 수 있을까요? 예수께서는 '세상 끝날까지' 즉, 지금의 제자들만이 아니라 앞으로 있을 그분의 교회를 향해서 말씀하셨기 때문입니다. 모든 민족을 제자 삼으라는 명령은 그래서 1세기에

주신 명령이지만 동시에 21세기를 살아가고 있는 우리에게 주시는 명령입니다.

그리고, 이 명령은 다음 세대에게 복음을 전하는 사명을 주시는 말씀이기도 합니다. 마태복음 28장에 나오는 지상명령은 세대를 넘어서 교회가 감당해야 할 명령으로 주신 것입니다. 예수님께서 이 말씀을 하실 때 주님께서는 '세상 끝날까지 함께하시겠다'고, 세대를 뛰어넘어 함께하시겠다고 약속하셨습니다. 예수님께서는 다음 세대에도 복음이 증거될 뿐 아니라, 다음 세대의 교회를 통해서 또한 모든 민족과 영역으로 하나님 나라가 계속해서 퍼져 가길 기대하셨습니다.

그래서 교회는 다음 세대에게 복음을 전하는 사명과 다음 세대를 세워야 할 사명이 있습니다. 그들이 선교적인 횃불을 이어받아 주님의 다시 오심을 예비하는 주님의 군대로 설 수 있도록 교회는 다음 세대를 깨우는 사명이 있습니다.

다음 세대 세우기의 중심에는 다음 세대를 위한 목회자를 세우는 작업이 있습니다. 이것은 그냥 이루어지지 않을 것입니다. 다음 세대 지도자를 세우기 위한 투자가 필요합니다. 지도자는 홀로 외로운 광야에서 세워지지 않습니다. 지도자는 공동체에서 세워집니다. 시드니는 이제 10년, 15년 후면 2세를 넘어서 3세가 주류로 나서게 됩니다. 1세들의 역할은 점점 줄어들고 1.5세와 2세들의 역할이 더욱 커지게 될 것입니다.

지금부터 준비하지 않는다면 우리의 자녀 세대를 이끌어 갈 리더십의 부재로 인해서 이민의 꿈이 세상에 함몰될 수 있습니다. 지도자는 우연히 나오지 않습니다. 지도자는 만들어지고, 준비되는 것입니다. 지도자가 세워지는 과정에 대한 신화적인 믿음과 사고는 다음 세대를 위한 지도자를 세우는 일에 무관심하고 우연을 기대하도록 만들었습니다.

그러나 그렇게 등장하는 영적 지도자는 없습니다. 잠시는 반짝해도 교회를 이끌어 갈 지도자는 될 수 없습니다. 교회는 다음 세대 지도자를 위해서 관심을 갖고, 투자하고, 의도적인 노력을 아끼지 말아야 합니다.

이런 것들을 염두에 두며, 시드니다음교회는 현실적인 선교를 계속해서 추구해 갈 뿐 아니라, 다음 세대들이 공동체의 주류가 될 수 있도록 영어공동체를 개척하고 섬길 계획입니다. 다음공동체의 핵심가치와 비전을 공유하고, 같은 목회 철학을 따라서 하나님 나라를 섬기는 다민족들을 위한 영어공동체가 세워지는 것입니다.

그들이 언어의 제약을 받지 않고, 그들의 가슴에 와닿는 언어로 교회를 이루고, 교회를 세울 것입니다. 하나님 나라의 복음을 전하는 주체가 되어 시드니다음교회와 함께 하나님 나라의 네트워크를 형성하고 하나님 나라의 시너지를 낼 것입니다.

우리가 해야 하는 가장 중요한 일은 그들이 이 땅에 주의 공동체로, 주의 백성들로 살아갈 수 있도록 그들을 돕고 믿고 후원하고 조력할 것입니다. 그리고 궁극적으로는 그들이 다음교회의 주류가 되어 이 도시와 나라를 축복하는 주의 백성으로 우뚝 서도록 길을 예비할 것입니다. 이 일은 모두의 기도 속에서 주의 때에 이루어질 것입니다.

4. 우리가 이루어야 하는 성경적 공동체는 무엇인가?

우리가 이루길 원하는 교회는 첫째, 예배공동체입니다.

세상에 필요한 것은 철학, 사상이 아니라 하나님의 임재를 경험하며, 복음을 발견하는 것입니다. 인생과 세상의 주인이 하나님이심을 깨닫고 인생을 드리는 역사가 일어나는 것입니다. 교회가 세상에 줄수 있는 가장 강력하며 유일한 능력은 하나님께 있습니다. 세상에 줄수 있는 가장 큰 소망은 바로 예수 그리스도입니다. 예배자 한 사람을 세우기 위해서 시드니다음교회는 복음을 전하기 위해서 헌신하고 이땅에 하나님의 이름이 높임받으시는 예배를 사모합니다.

둘째, 하늘가족공동체입니다.

교회는 가정을 섬겨야 합니다. 성령을 경험한 사람은 좋은 남편과 아내, 부모, 자녀가 됩니다. 예수님을 따르기 원할 때 예수님께서는 가정으로 먼저 보내십니다. 교회는 가정을 섬기고, 친가정적인 사역으로 가정을 세워 갈 것입니다.

또한 교회는 가족입니다. 하나님이 우리의 아버지이시고, 예수 그리스도의 한 몸으로서 교회는 성령 안에 서로 연결되어 살아가는 하나의 공동체입니다. 교회는 지상에 존재하는 하늘가족공동체입니다.

셋째, 제자공동체입니다.

제자는 예수님의 계획입니다. 성령께서 우리가 예수와 함께 거하도록 하십니다. 우리가 예수를 닮아가도록 하십니다. 우리를 통해서 예수께서 부탁하신 일을 감당하도록 하십니다. 세상에 하나님의 나라가 이루어지는 것을 보게 하십니다. 교회는 예수의 제자들의 공동체입니다.

넷째, 일상 속의 청지기공동체입니다.

성령께서 우리의 영역을 예루살렘에서 온 유대와 사마리아와 땅끝까지 확장해 주십니다. 우리 내면의 변화에서 가정의 변화, 직장과 세상 속의 그리스도인으로 인도하십니다. 언제 어느 곳에서나 주와 동행하는 삶으로 이끌어 주십니다. 우리가 살아가는 이 도시 안에 하나님의 나라가 임하고, 하나님 나라의 생태계가 회복되도록 이 땅에서 주의 청지기로 살고 나를 부르신 삶으로 성령께 순종합니다.

다섯째, 선교공동체입니다.

교회는 선교를 위해서 존재합니다. 한 사람의 부르심은 선교에 연결되어 있습니다. 선교는 가정에서부터 시작되며, 땅끝까지 이르게 되고, 친구들에게 복음을 전하는 것에서부터 모든 족속과 열방에게 복음을 전하는 것까지 의미합니다.

선교는 하나님을 예배하지 않고 예수 그리스도를 주로 고백하지 않는 땅에 예배를 일으키는 목적을 가지고 있습니다. 선교를 위해서 사람을 파송하고, 물질을 후원하며 기도자들을 세웁니다. 그 교회를 통해서 그 지역사회가 변화될 것입니다.

또한 건강한 믿음의 공동체 안에서 다음 세대의 지도자들이 출현할 것입니다. 특히 영상 세대로 자라나고 있는 지금의 10대와 20대는 기존의 목회 패러다임으로는 담기 어려운 부분들이 있습니다. 대부분의 1세 교회들이 60대 중심의 리더십구조를 가지고 있기 때문입니다. 지금 일어나고 있는 온라인 세대, 메타버스 세대는 다른 세대입니다. 그들에게 투자하는 것은 다른 세대인 다음 세대를 놓치지 않고, 세대 단절을 극복하며, 하나님 나라의 거대한 가족공동체를 세워 가는 가장 중요하고 핵심적인 사역이 될 것입니다.

시드니는 이미 사역자들을 찾는 것이 어려운 때가 되었습니다. 그러나 우리의 어려움이 주님의 끝은 아닙니다. 주께서 사모하고 부르짖는 백성들을 통해서 주의 종을 세우실 것입니다. 다음 세대, 다민족들 속에 주의 역사를 이루실 것입니다. 그날을 보며 주를 찬양할 시간을 기다립니다.

일곱 번째 만남,
하늘가족공동체를 지향하는 가족교회ABC

시드니다음교회는 개척한 이래로 가족공동체를 경험하는 소그룹과 예배 중심의 대그룹, 두 공동체가 씨줄과 날줄처럼 융합되어서 지금까지 왔습니다. 이렇게 예배와 가족교회를 동등한 가치를 가지고 있는 교회 모임으로 인정하는 흐름을 '두 날개 교회'라고 하는데,《제2의 종교개혁》에서 빌 백햄이 사용한 말입니다.

시드니다음교회가 추구하고 있는 소그룹의 이름은 '가족교회'입니다. 가족교회라는 이름의 의미는 '예수 그리스도의 은혜로 하나님을 아버지로 부르는 천국에 속한 가족공동체'입니다. 우리는 이 이름을 개척할 때부터 사용한 것은 아닙니다. 교회를 처음 개척할 때는 '순'이라고 불렀습니다.

이 순모임을 성경적인 개념으로 재정의하면서 공식적으로는 '가족교회'라는 이름으로 사용하고 있습니다. 그렇다면, 가족교회란 무엇일까요?

1. 가족교회란 무엇인가?

가족교회 모임은 정기적으로 집을 오픈해서 가정에서 모이는 관계 중심의 예배, 교제, 전도와 선교, 섬김과 기도의 공동체를 말합니다. 진재혁 목사는 《지구촌교회의 목장모임》을 소개하면서 소그룹에 대한 로베르타 헤스테네스의 정의를 소개합니다. 그 정의는 다음과 같습니다.

> "그리스도인의 소그룹은 정해진 시간에 3명에서 12명 정도의 그리스도인들이 그리스도 안에서의 풍성한 삶을 위한 가능성을 발견하고 성장하려는 공통의 목적을 가지고 의도적으로 얼굴을 맞대고 한자리에 모인 모임입니다."

위의 견해를 따라서 정리를 해 보면 가족교회는 다음과 같은 특징이 있습니다.

a. 먼저 의도적인 모임입니다. 교회가 관계 중심의 공동체인 것을 알고, 그 필요를 인정하고, 그 모임에 헌신하고자 얼굴과 얼굴을 맞대고 자의로 참여하는 모임입니다.

b. 가족교회는 성인을 기준으로 3명에서 12명이 모이는 모임입니다. 12명이 넘어가면 마음을 나누기가 어려워집니다. 서로에게 관심

을 갖기가 쉽지 않습니다. 모임에 대한 적극성이 떨어지고 자신의 소속감이 상실됨으로 모임 자체에 대한 기대를 갖지 않습니다. 그래서, 12명이 되기 이전에 미리 분가를 준비합니다.

c. 가족교회는 정해진 시간에 모입니다. 시드니다음교회는 격주로 금요일과 주일 사이에 각 가족교회별로 모임을 갖습니다. 가족교회가 매주 모이지 않고 격주로 모이는 이유는 시드니다음교회를 이루고 있는 대부분의 세대들이 어린 자녀를 두고 있기 때문입니다. 자녀들이 어린 관계로 인생의 단계에서 육체적인 피로감이 가장 큰 시기이기에 매주 모이기 위해서 모임을 준비하는 것은 현실적으로 어려운 부분이 있습니다. 자녀들이 조금 더 성장하고 교회를 위해서 에너지를 사용할 수 있는 가정들의 숫자가 늘어난다면 성경에서 보여 주고 있는 것처럼 매주 모이는 것으로 회복할 예정입니다.

d. 가족교회가 자리 잡도록 하기 위해서 모이는 날의 간격과 함께 교회적으로 노력한 또 하나는 모이는 시간의 길이입니다. 모이되 시간도 어느 정도는 표준을 정했습니다. 모임의 길이는 2시간 30분에서 3시간 사이입니다. 그보다 더 이상 길어지지 않도록 합니다. 그 이유는 섬기는 순장, 순모를 비롯해서 섬기는 분들이 쉴 수 있는 시간이 있어야 주일로 이어지는 사역의 흐름 속에서 지치지 않고 섬길 수 있기 때문입니다.

가끔씩은 나눔이 깊어지고, 마음에 묵혀 두었던 간증들이 터져 나오고 새롭게 진리 앞에 삶이 반응하면서 오랜 시간의 나눔과 기도가 이어질 때도 있습니다. 그러나, 모든 모임이 길게만 이어진다면 나눔의 질이 저하되고, 조금 바쁜 가정들은 모임에 참석할 때 갈등하고 안갈 수도 있습니다. 그래서 기본적인 시간의 틀을 잡아 놓고 그 안에서 모임을 갖도록 합니다.

e. 가족교회는 동일한 목적을 가지고 모이는 모임입니다. 정확하게 목적을 알아야 합니다. 우리가 왜 모여 있는가? 우리가 무엇을 하고자 하는가? 이것에 대해서 정확하게 답을 해야 합니다.

그 목적은 먼저, 예배입니다. 찬양하고, 말씀과 기도가 있습니다. 여기에서 말씀은 설교나 성경공부가 아니라 나의 삶을 믿음의 눈으로 보는 나눔이고, 이미 듣고 묵상한 말씀을 내 삶에서 어떻게 적용하고 순종할 것인지를 나누는 것입니다. 직접 서로를 위해서 기도하고 기도의 응답을 나누기도 합니다.

두 번째, 코이노니아, 즉 공동체를 이루고 경험하는 것입니다. 관계를 이루는 공동체가 되어서 함께 살아가는 것입니다. 그래서 시드니 다음교회 가족교회는 자녀들이 어려서 어려우면 어린이 그룹을 따로 운영하지만, 자녀들이 어느 정도 성장해서 가능하다면 부모들과 함께 모임을 갖도록 합니다.

너무 어린 자녀들이면 어린이 사역담당을 돌아가면서 맡아서 어른들의 모임이 원활하게 이루어지도록 하고 좀 큰 자녀들이면 먼저 자녀들의 나눔을 듣고 기도하고 어른들의 나눔을 이어 가도록 합니다.

어른들뿐 아니라 자녀들까지도 한 가족이기 때문에 자녀들도 코이노니아에 참여하는 것입니다.

세 번째, 전도와 선교에 참여하는 것입니다. 가족교회는 관계 중심의 친밀한 공동체이기 때문에 비신자들이나 친구들을 주일의 예배로 인도하기 전에 가족교회로 초청합니다. 전도가 가족교회를 중심으로 시작되는 것입니다. 그리고, 가족교회에서 후원하는 선교사들의 기도제목을 나누고 기도하고, 실제적인 후원을 감당합니다.

네 번째는 모두가 모두를 섬기는 섬김입니다. 전체 공동체를 섬길 뿐 아니라, 가족교회는 모든 성도들이 서로가 서로를 섬기게 됩니다. 찬양인도, 광고담당, 설교요약담당, 선교담당, 어린이 돌봄담당, 모임인도, 가정 오픈 등 다양한 사역들을 나누어서 담당함으로 가족교회를 이루어 가고 섬김을 훈련합니다. 진정한 공동체, 주님의 몸은 서로를 섬길 때에만 존재할 수 있음을 배우게 됩니다.

f. 무엇인가를 경험하는 모임입니다. 가족교회는 그리스도인의 삶과 그리스도인들의 가치를 삶과 관계 속에서 보고, 배우고, 경험하는 곳입니다. 가르치거나 일방적으로 주입하는 모임을 지양하고 우리는 삶을 함께 나누고 서로 위해서 기도하며, 주님께 연결되어 살아가는 실천적이고 구체적인 믿음의 공동체를 추구합니다.

이런 가족교회와 같은 소그룹 모임은 20세기 들어서 새롭게 발견된 교회의 한 모형이라고 생각하는 사람들이 있는데, 이런 소그룹 중심의 모임은 구약성경에서부터 유래를 찾아볼 수 있는 아주 오래되었지만 교회가 새롭게 발견하고 있는 모습입니다.

2. 성경에 있는 소그룹 공동체

a. 구약 공동체

구약에서 가장 대표적으로 꼽을 수 있는 소그룹 공동체는 창조 안에 기록되어 있습니다. 하나님의 창조 사건에는 하나님의 본질인 하나 됨의 공동체가 잘 드러나 있습니다. 창조의 역사가 삼위일체 하나님의 공동의 사역입니다. (창세기 1:1-3) 태초의 창조 사건에 삼위일체 하나님이 함께하셨습니다. 하나님은 서로의 관계 속에서 세상을 창조하였고, 또한 인간을 창조하셨습니다.

하나님은 인간을 창조하실 때에도 하나님의 형상대로 창조했습니다. 여기에서 하나님의 성품은 인격성, 창의성, 은사, 언어와 논리력, 영성 등 다양한 것을 포함하지만, 그중 가장 궁극적인 한 가지는 공동체성입니다. 하나님의 형상은 삼위일체라는 공동체입니다. 그래서 하나님의 형상을 닮은 인간 창조의 완성은 남자와 여자를 모두 만든 시점부터라고 할 수 있습니다. 하나님께서 지으려고 하셨던 것은 개별의 인간이 아니라 인간이 이룬 공동체였습니다.

즉, 남자와 여자가 공동체를 이루어 함께 있을 때 그들이 비로소 하나님의 형상을 닮은 자라고 말할 수 있었습니다. 주님의 창조에 나타나는 특징은 하나님의 공동체와 하나님의 공동체를 닮은 가정 공동체입니다. 하나님은 그들을 통해 관계 중심의 공동체가 이 땅에 생육하고 번성하길 원하셨습니다. 그것이 공동체를 이 세상에 선물하시는 주님의 계획이었습입니다.

구약에서 소그룹으로서의 공동체가 등장하는 가장 대표적인 사건 중에 하나는 이스라엘 백성들이 출애굽한 후에 광야에 머물고 있던 시절을 들 수 있었습니다. 남자만 60만 명인 그들은 모세의 장인인 이드로의 조언을 따라서 소그룹으로 함께했습니다. (출애굽기 18:13-27) 모세가 홀로 감당하기 어려운 규모의 한 민족을 대그룹과 중그룹, 소그룹 등으로 나눠서 조직화하고, 그렇게 나눈 작은 그룹들을 체계적으로 이끌어 갔습니다.

b. 예수님과 초대교회 공동체

예수님과 12제자의 공동체도 소그룹이었습니다. 예수님은 그들을 부르시고, 그들과 함께하시고, 그들에게 삶의 여정을 함께하셨습니다. 교훈하시고 예를 보여 주시고 그들을 당신의 제자로 삼으셨습니다. 예수님은 제자공동체를 통해서 천국이 공동체인 것을 가르치시고 보여 주셨습니다.

주님의 계획 속에 있는 교회는 공동체였고, 주님은 이 땅에 하나님의 나라를 회복하실 때 그 회복의 중심에 소그룹으로 이루어진 공동체가 있을 것을 염두에 두고 계신 것을 알 수 있습니다.

초대교회의 예루살렘교회도 관계 중심이었습니다. 그들은 하루에 3,000명~5,000명이 회개하고 세례를 받았습니다. 그들이 한 번에 모일 수 있는 장소가 있었던 것은 아닙니다. 그들이 예수 그리스도의 몸된 공동체로 살 수 있었던 이유는 소그룹에 있습니다.

그들의 믿음의 공동체의 실제 모습은 함께 교제하고 떡을 떼며 살아가는 가정 안에서 모였던 공동체였습니다. 그 중심에는 서로에게 연결된 관계 중심의 소그룹이 있었습니다. 예수에게 깊이 연결된 그들은 소그룹을 통해서 서로와도 깊이 연결되어서 믿음의 공동체를 경험하며 살았습니다. (사도행전 2:42, 46, 47)

그리고, 로마제국 전역의 교회들도 모두 관계 중심의 공동체로 가정에서 모였습니다. 아시아에 있던 교회도, 고린도나 빌립보에 있던 교회도 모두 가정에서 모였고 가족과 같은 관계를 누렸던 하늘에 속한 가족공동체였습니다.

c. 신약에 나오는 교회의 특징

가정에서 모임을 갖는 것은 신약에 나오는 교회들의 공통된 특징이었습니다. 먼저, 이들은 건물을 짓거나 제의나 예식을 중심으로 믿음의 삶을 살지 않았습니다. 물론 성찬이 있기는 했지만, 성찬으로 예수님께서 가르쳐 주신 방식은 그들의 주식이었기 때문에 그들의 공동체적인 식사와 무관하지 않았습니다. 그들은 가정에서 삶과 예배가 만나고, 관계와 성전이 만나고, 일상과 예식이 이어지는 모임을 가졌습니다.

두 번째는 성도가 성도를 목양한 것입니다. 예수님께서 베드로에게 명령하신 것과 같이 "내 양을 치고 내 양을 먹이라"라고 하신 명령을 따라서 먼저 예수님을 만나고 하나님의 사랑을 발견한 사람이 아직 예수님을 모르고 하나님의 은혜를 떠나서 살아가는 사람들에게 다가가 복음과 예수님의 사랑을 전하고, 그 영혼을 돌보는 삶을 살았습니다. 그들은 직분 때문이 아니라 예수님 때문에 성도가 성도를 목양하는 삶을 살았습니다.

세 번째, 가정에서 모이는 가족교회는 교회로서의 기능과 역할을 일정 부분 담당했습니다. 예배와 교제, 말씀을 배우고, 기도하고, 전도하는 일들이 그 가족교회 안에서 다 이루어졌습니다. 가족교회는 교회의 기능을 보완하는 것이 아니라, 그 자체가 하나의 교회이고 그 자체가 하나님 나라의 대표 지부로서의 기능을 감당한 것입니다.

네 번째, 매주 모임을 가졌습니다. 초창기의 초대교회는 일주일에 두 번씩 모임을 가졌습니다. 안식일에는 성전이나 회당에서 모임을 갖고, 예수께서 부활하신 주일에는 가정에서 모이는 예수 공동체에서 모임을 가졌습니다.

다섯 번째, 식사를 함께 나누었습니다. 이것은 구약에서부터 이루어진 가족 됨을 나타내는 문화적인 코드입니다. 함께 식사를 한다는 것은 가족이라는 의미입니다. 빵과 포도주를 앞에 놓고 둘러앉아 예수의 살과 피를 먹고 마신 자들에게 주신 생명을 나눈 예수의 가족, 하나님 나라의 공동체인 것을 매주의 모임마다 행하며 기념했습니다.

오늘날에도 바쁜 생활 속에서 쉽지 않은 부분이 있지만, 이것은 삶의 편리의 문제보다는 하나님의 가족 됨을 드러내는 생활믿음의 한 영역입니다. 그래서 우리는 만날 때마다 식사를 함께 합니다. 단, 간소하게 하고 준비하는 분들이 부담을 덜 갖도록 합니다.

여섯 번째, 수평적인 공동체입니다. 1세기의 가정 안에 있던 교회는 종교적인 형식이나 제의, 가르침이나 직분에 따른 참여에 차별이 존재하지 않았습니다. 귀족이면 귀족으로 노예이면 노예로, 남자면 남자로 여성이면 여성으로 나올 수 있었습니다. 누구나 있는 모습 그대로, 자신의 삶의 자리에서 예수께서 임재하시는 모임에 동등하게 나왔습니다. 말씀과 기도에서 삶으로 적용을 하기도 하고, 삶에서 말씀과 기도로 나아가는 공동체이기도 했습니다. 교회는 신앙생활을 위할 뿐만 아니라, 생활신앙을 위한 공동체였습니다.

일곱 번째, 전도와 선교의 중심이었습니다. 1세기의 그리스도인들의 교회는 '삶과 일상'에 친화적인 모임이었기 때문에 누구든지 쉽게 방문하고 서로에게 자신을 소개하고, 자신의 삶을 오픈하고, 어려움을 나누었습니다. 예수의 이름으로 기도하고, 서로를 돕고, 한 영혼을 위해서 자신들의 공간을 허락해 주었습니다. 그것이 예수의 모습이었습니다.

그들은 가정에서 모였기 때문에 장소가 제한되어서 모이는 사람들의 숫자가 늘어나면 다른 가정에 모이는 사람들이 다른 공동체를 이루어서 나가서 새로운 교회를 분립하는 형태로 로마제국 전체로 퍼져나갔습니다.

여행하는 사람들이나 복음을 전하는 사람들을 지원하고 후원했습니다. 선교사를 파송하고, 어려움을 당한 지역이나 교회를 위해서 자신들의 물질을 나누고 기도하며 전도뿐 아니라 선교의 중심지로 존

재했습니다. 건물이나 직분이 아니라, 예수 안에 거듭나고 성령께서
내주하시는 성도공동체가 성전의 기능을 담당한 것입니다.

3. 가족교회는 어떻게 진행되는가?

실제로 가족교회 모임의 순서는 어떻게 될까요?

a. 식탁교제

순원들이 모이면 서로 둘러앉아 모임을 시작합니다. 간단한 식사를
나누며 편안하게 나눔을 할 수 있도록 환경을 준비해 둡니다. 이 모임
의 모임 장소는 순장들 가정을 중심으로 모이되 순원들 중에서도 가
정을 오픈하고 식사 준비를 섬길 수 있도록 합니다.

b. 환영

정해진 시간에 모여서, 간단한 아이스 브레이크 시간을 갖습니다.
따듯한 안부와 허그와 반겨 주는 분위기에서 모임을 시작합니다. 세
상 속에서 하나님의 공동체로, 하나님의 임재가 있는 그분의 영토로
들어온 환대를 서로에게 나눕니다.

c. 찬양

하나님을 찬양하는 시간입니다. 찬양 담당자가 두세 곡 정도를 준
비합니다. 찬양은 순원들이 다 함께 드립니다.

d. 삶과 말씀의 나눔

찬양이 끝나면 삶과 말씀의 나눔으로 이어집니다. 순장이 가족교회의 리더로서 이 모임을 담당합니다. 가족교회가 형성되고 초기에는 삶의 나눔에 더 초점을 맞추도록 하고, 중기로 가면 말씀의 나눔에 더 관심을 집중시킵니다.

삶의 나눔은 두 가지를 나누도록 합니다. 먼저는 한 주간을 살면서 가장 감사했던 것 한 가지와 나에게 있는 기도제목 한 가지입니다. 나눔을 할 때는 사실을 나누는 것뿐 아니라 감정도 나누도록 합니다. 서로의 나눔에 대해서는 비밀을 유지하고 상대에게 답을 전해 주지 않고 자신의 경험을 나누도록 해서 지식 중심의 모임이 아니라 공동체와 관계 중심의 모임을 경험하도록 합니다.

말씀의 나눔은 주일 설교를 중심으로 나눕니다. 말씀을 나눌 때에는 세 가지 포인트 중에 하나를 나누도록 하는데, 내가 알고 있었는데 다시 한번 확신하게 된 것, 모르고 있다가 처음으로 깨닫게 된 것, 직접 순종하고 실천한 것입니다.

이 말씀 나눔 전에는 설교 요약 담당자가 주일 설교를 짧게 A4용지로 1/3 페이지에서 1/4 페이지 정도로 요약정리해서 발표하도록 합니다. 이것은 순원들에게 지난 주 설교를 다시 한번 기억하게 돕기도 하고, 설교를 어려워하는 설교 요약 담당자가 말씀에 집중할 수 있도록 도움을 주기도 합니다.

e. 광고 나눔

광고 담당이 교회 주보 광고를 정리해서 읽고, 중요한 광고를 강조해 줍니다. 전체 공동체적인 흐름에 가족교회가 함께하는 것을 목표로 합니다. 훈련사역이나 사역 신청 같은 부분이 있을 때 참여할 수 있도록 권면하기도 하고 전체 공동체와 가족교회가 별개가 아니라 하나로 연결되어 있음을 확인해 주는 기회가 되기도 합니다.

f. 전도와 선교에 대한 나눔

가족교회의 존재 목적 중에 하나는 전도입니다. 처음부터 모임에 예수님을 모르는 분들을 초청할 수 있도록 연초부터 광고를 하고 준비를 하고 초청을 합니다. 가족교회가 따로 준비하기도 하지만, 전체 공동체가 전도할 수 있는 모임을 준비해서 전체 공동체와 시간계획을 함께 준비하기도 합니다. 전도하는 과정의 가장 중요한 부분이 가족교회에서 이루어지기 때문입니다.

가족교회가 새 가족에게 좋은 것은 일단 비공식적인 모임처럼 부담이 없고, 관계 중심이며, 환대를 통해서 마음을 열고, 서로의 삶을 나누고 연결될 수 있다는 것입니다. 이렇게 개인적인 관계를 통해서 이루어지는 만남은 새 가족이 교회 공동체에 적응하고 일원이 되어 복음을 깨닫고 하나님의 자녀가 될 가능성을 높여 줍니다.

동시에 선교의 주체가 가족교회입니다. 선교사와 연락하고, 기도편지를 받고, 기도편지를 공유해서 읽고, 함께 기도하고, 후원하는 주체가 다 가족교회입니다.

이것을 통해서 선교의 주체가 가족교회가 되고, 모든 성도들이 선교의 일선에 서는 선교적 공동체를 이루어 갑니다.

g. 합심기도

개인적인 기도제목과 공동체의 기도제목, 사역적인 제목과 사회와 국가를 위한 기도제목, 전도와 선교를 위한 기도제목들을 정리해서 나누고 함께 합심기도를 하고 마무리를 합니다. 대표기도나 주기도문으로 마칩니다.

h. 마무리

모임이 끝나고 나서 시간이 남거나 그날 분위기가 좋다고 길게 머물지 않도록 합니다. 가급적 시간을 지켜서 끝내고 함께 정리합니다. 이렇게 함으로 모이는 가정에도 부담이 되지 않고, 참여하는 순원들에게도 그 모임이 예측 가능한 모임이 될 수 있도록 합니다.

4. 가족교회의 특징은 무엇입니까?

a. 중심이 예수 그리스도입니다

예수님께서 함께하시지 않는다면 그것은 교회가 아니라고 말할 수 있습니다. 교회 밖에도 정기적으로 함께 만나는 사람들은 얼마든지 있습니다. 그 모임에 예수님이 계시지 않는다면 그것은 주님과는 관계가 없는 모임입니다.

그래서, 모임을 섬기는 분들은 그 가족교회 모임을 기도로 준비합니다. 나눔의 내용을 예수님의 눈으로 보고, 예수님의 마음으로 듣고, 예수님의 사랑으로 권면하고, 예수를 경험할 수 있도록 기도합니다. 주께서 친히 우리의 마음과 생각을 주장하시고 임재하시도록 바라고 구합니다. 예수님과 함께하는 모임이 될 수 있도록 기도로 준비하고 매 시간을 성령을 의지할 때 세상에 없는 모임을 경험하게 될 것입니다.

b. 자신의 삶에 대한 진솔한 고백이 있습니다

가족교회 안에서 삶을 나누는 것은 일종의 동료상담이라고 할 수 있습니다. 그 모임 안에서 자신의 연약함과 당면한 문제들을 나와 함께 있는 사람들을 믿고 나눌 때 그곳에서 치유가 일어나고 새로운 회복을 경험하게 됩니다. 이것은 그리스도께서 우리를 받아 주셨듯이 우리도 서로를 받아 주기 때문에 가능한 것입니다.

서로 나누고 받아 주고 들어 줄 뿐 아니라, 가족교회 안에서는 예수님 안에서 자신들이 만났던 치유와 회복을 나누고 서로 권면하기도 합니다.

c. 일상으로 교제가 연결됩니다

진정한 가족공동체는 일상생활까지 연장되는 교제권을 갖게 됩니다. 주중에도 서로 간에 안부를 묻고, 때로 아픈 자나 출산, 이사 등의 유고가 있을 때에는 찾아가 위로하고 기도하고 서로를 돌봅니다.

함께 살아가며 서로에게 자연스러운 삶의 노출을 통해서 더 깊은 곳까지 변화의 자극을 받게 됩니다. 서로가 서로를 보며 그리스도인의 삶을 배우게 되고, 그리스도의 몸으로 피차 지어져 가게 됩니다. 교회가 그의 몸이라는 표현이 우리를 향한 말씀이 되고, 선포가 되고, 이야기가 됩니다.

이런 과정을 통해서 나에게서 임하신 하나님의 나라, 우리 안에 시작된 하나님 나라의 실체를 확인하게 됩니다. 그리고 이 세상에 흘러가는 하나님의 나라의 통로로 주님께 쓰임받게 됩니다. 가족교회는 전체 공동체와 함께 주님의 교회를 이루어 가는 그리스도의 몸의 지체입니다.

주일에 다니는 교회를 뛰어넘어 우리에게 주신 예수 그리스도의 몸 된 교회를 가족교회 공동체를 통해 경험하고, 하나님께서 주신 축복의 공동체인 교회를 우리의 전인격적인 차원으로 누리며 살아가는 주님의 몸의 지체들이 되기를 바랍니다.

여덟 번째 만남,
단절의 시대에 통합의 공동체로 나아가기

시드니다음교회는 믿음의 통전성을 추구하는 공동체입니다. 모든 영역에 예수의 주되심을 선포하고, 주께 순복하며, 주의 다스림 안에 살아가는 공동체를 추구합니다.

이 통전성은 예배실과 사회 공간의 연결뿐 아니라, 세대 간의 이어짐도 포함됩니다. 세대 간의 화해와 믿음의 계승도 예수 그리스도께서 우리에게 주신 사명입니다.

1. 세상을 향한 부르심 앞에 서기

그간 한국교회는 이런 통전적인 믿음의 삶과 공동체로 나아가는데 여러 가지 어려움이 있었습니다.

복음이 들어와 예수님을 믿고 교회가 세워지자 말자 핍박받는 시기를 지나고, 그 이후에는 전쟁으로 존립이 위협을 받는 시기를 거쳤습니다. 그 후에 긴 가난의 시기를 보내고, 현실적인 필요를 무시할 수 없는 시간을 보내기도 했습니다. 그다음에는 교회가 급성장하던 시기로 교회의 내부적인 돌봄이 요청되었습니다.

한국교회의 역사를 잠시 뒤돌아보면 믿음을 지키면서 살아가는 것 자체가 굉장한 결단이었고, 그 자체가 믿음의 승리였으며, 더 이상을 생각하기 어려운 시기였습니다. 모이는 것 자체가 워낙에 큰일이었기 때문에 교회 바깥을 생각하기에는 여력이 없었다고 하는 것이 맞을 것 같습니다.

그래서 그동안은 왜 교회가 세상의 영역에 대해서 관심을 갖지 못했냐고 질책을 하거나 한국교회의 믿음에 문제가 있다고 공격하기에는 무리가 있습니다. 한국교회는 짧은 시간 안에 다양한 시대를 거치면서 생존하고 성장하고 성숙하며 필요한 시기들을 지나왔습니다.

한순간에 되는 어른이 없는 것처럼 한순간에 모든 면에서 성숙한 교회가 나타날 수도 없습니다. 조금 더 시간이 필요했습니다. 그간의 시기를 거쳐 현대의 탈종교적이고 무신론적인 시대를 만나기까지 한국교회의 생존과 성장 여정은 녹록하지 않았고, 지금도 여러 어려움들이 산적해 있습니다. 하지만, 이제는 세상을 향한 눈을 열고 믿음의 통전성을 고민할 만한 때가 된 것입니다.

이것은 이민교회로서도 마찬가지입니다. 이민의 역사가 길지 않은 호주의 한인교회는 이 땅에 와서 개척하고 생존하고 세워지고 지금까지 이어져 오기 위해서 많은 에너지가 필요했습니다. 이민자들의 삶 또한 배우고 적응하고 생존의 차원을 지나서 사회적인 영향력을 생각하기에는 고단한 시간들이 많았습니다. 대부분의 이민자들에게 사회적인 영역에 대한 영적인 관심은 쉽게 눈이 뜨이지 않는 부분이었을 것입니다.

그러나, 이제는 우리의 믿음이 교회의 벽을 넘어 사회 속으로 발을 내디딜 수 있을 만큼 성장했고 자랐습니다. 사회도 이것에 대해서 요청하고 있는 때입니다. 교회도 신학적인 성숙과 새로운 발견들을 통해서 세상 속에서 우리의 믿음을 고민하기 시작하고 있습니다.

성경적인 믿음은 특정 장소나 공간, 시간이나 일들만 거룩하다고 제한하지 않습니다. 주님께서 구속하신 것뿐 아니라, 주님께서 지으신 모든 것이 다 주님의 것이기 때문입니다. 주께서 구속하신 교회 안에 있을 때 우리가 예배하고 감사하고 찬양하는 것처럼, 주께서 지으신 세계 안에 있을 때 우리는 그 땅에 주의 백성으로 살아가도록 부르심을 받았습니다. 이것은 우리의 잃어버린 6일을 회복하는 각성이라고 할 수 있습니다.

2. 교회를 향한 부르심 앞에 서기

믿음의 통전성은 교회의 회복에도 기여합니다. 성도들이 사회속에서의 부르심을 회복하는 것처럼, 교회의 사역에 있어서 성도들이 사역자로 부르심을 받았다는 것을 각성하는 것은 주님의 원래 의도를 발견해 가는 중요한 국면입니다.

에베소서 4:11-12

그가 어떤 사람은 사도로, 어떤 사람은 선지자로, 어떤 사람은 복음 전하는 자로, 어떤 사람은 목사와 교사로 삼으셨으니, 이는 성도를 온전하게 하여 봉사의 일을 하

게 하며 그리스도의 몸을 세우려 하심이라

하나님께서 다양한 사역자들을 세워 주셨습니다. 이 중에 오늘까지 남아 있는 직분은 복음전도자와 교사로서의 목사입니다. 목사는 가르치는 직무를 맡은 자입니다. 교사와 목사는 우리가 잘 알고 있는 것처럼 하나의 관사로 이어진 단어입니다. '가르치는 자로서 목사'라는 의미로 하나님께서 목회자를 주신 이유가 새겨져 있는 직분입니다.

하나님께서 이런 직분자들을 주신 이유는 그들이 종횡무진 경기장을 누비도록 하는 것이 아닙니다. 그들을 통해서 성도들을 온전하게 세워서, 성도들로 하여금 봉사의 일, 즉 교회를 섬기는—오늘날로 말하면—목회적인 사역들을 감당하도록 하기 위해서입니다. 부르심의 최종 목적은 목회자 자신이 아니라, 성도들을 주님의 사역자로 세우는 것입니다. 목회자는 그 일을 위해서 존재하는 사람입니다.

그러나, 교회는 목회자들에게 다른 것들을 요청하곤 했습니다. 오랫동안 해 오던 목회의 습관처럼 목회자들이 모든 사역을 다 감당하는 것은 성경적인 것이 아닙니다.

실제로 목회자들이 성도들이 감당할 일을 대신 담당하는 것은 교회로서는 엄청난 손실을 입고 있는 것입니다. 성도들이 감당하도록 부름받은 일들을 목회자들이 감당하느라고 정신없이 쫓아다니다 보면 목회자만 할 수 있고 해야 하는 사역들에 집중하지 못합니다. 이것은 목회자에게도 성도에게도 교회에도 하나님의 나라에도 손해입니다. 교회가 약해지고 무너지고 세속화되는 악순환의 시작이 됩니다.

목회자도 자신의 자리를 잃고, 성도도 자신의 부르심을 잃어버리게 됩니다. 목회자들 중에서 영적 리더십이 나오기 어려워지고, 성도들의 자리에서도 하나님의 진리의 말씀을 깨닫고, 주님의 교회를 섬기고, 그리스도인으로 살아가는 하나님의 부르심에 대한 각성을 주의 말씀을 통해서 회복할 수 있는 기회가 사라집니다.

목회자와 성도 모두 하나님의 부르심에 응답할 수 없습니다. 하나님의 말씀이 바로 서고, 말씀사역자들이 바로 설 때 교회와 성도가 온전한 정체성을 갖고 일어설 수 있습니다.

목회자는 목회자의 일을 하고 성도는 성도의 일을 할 때 교회는 건강해질 수 있습니다. 하나님께서 주신 교회의 원리를 회복하고 주님의 교회를 섬길 때 교회는 하나님께서 지으신 주님의 몸을 이루어 갈 것입니다.

목회자는 교회의 모든 사역을 감당하는 사람이 아닙니다. 그동안 그런 모습들이 부분적으로 존재했었다 해도, 이제는 성경적인 목회자의 상을 회복해야 합니다. 목회자는 성도를 온전케 하여 봉사의 일을 하도록 돕는 사람입니다. 즉, 성도들이 준비되어 교회를 섬기는 목양과 은사에 따른 사역들을 감당하도록 돕는 일을 하는 것입니다.

몸의 모든 기능을 한두 가지의 기관이 감당할 수 없습니다. 그 장기는 과다노동으로 힘을 잃고 병들거나 기능을 상실하게 될 것입니다. 몸이 존재하는 이유는 모든 지체들이 다른 모든 지체들을 섬기기 때문입니다. 목회자의 사명이 바로 이것입니다. 모든 성도들이 다른 모든 성도들, 즉 주님의 교회를 섬기는 일에 동참하도록 세우는 것입니다.

　이런 사역의 회복은 단지 목회적인 영역에 성도들의 참여만을 의미하는 것이 아닙니다. 이것은 직분의 회복이기도 합니다. 목회자만이 사역자가 아니라, 성도들 또한 주님께서 세우신 교회의 사역자인 것을 회복하는 것입니다.

　교회사에서 그리스도의 몸으로서의 교회는 오랜 기간 동안 잊혀진 것이었습니다. 이것을 다시 회복시킨 것이 종교개혁자들입니다. 특히 존 칼빈은 종교개혁을 하면서 로만 카톨릭에는 없는 몇 가지의 직분을 회복시켰습니다.

　그중에 하나가 설교자입니다. 성도들에게 그들의 모국어로 설교할 수 있는 설교자를 세워서 일반 시민들이 복음을 듣고 이해하도록 했습니다. 두 번째가 장로입니다. 목양의 직분입니다. 카톨릭에는 없는 직분입니다. 장로의 가장 기본적인 사역은 목양입니다. 세 번째는 집사입니다. 이것은 사역을 맡는 자리입니다. 항상 성직자들 앞에 누워서 무능한 존재로 보이던 '평신도'들이 다른 존재로, 원래 하나님께서 부르신 존재로 세워지게 된 것입니다.

　시드니다음교회는 이 일을 위해서 헌신하고 있습니다. 무엇보다 사역의 주체로서 성도들이 설 수 있도록 교회의 운영구조를 만들어 가고 있습니다. 목회자는 영적인 그림을 그리고 즉, 비전을 선포하고, 기도와 말씀사역, 훈련과 양육에 힘쓰고, 성도들이 복음을 깨닫고, 제자의 삶을 살아가며, 하나님 나라를 위한 동역자로 함께 뛰는 교회를 이루는 것입니다.

이렇게 믿음 안에서 자라 가며 주님의 청지기로 함께 봉사의 일을 감당하고 있는 모습은 주님께서 세우신 교회를 회복해 가는 모습이고, 우리 주님께서 가장 기뻐하시는 모습입니다.

3. 세대 이어 가기

우리가 믿음의 통전성을 회복해야 할 또 다른 영역은 세대입니다. 우리는 세대 간의 간극을 줄이기 위해서 기도하고 구약부터 내려오던 교회의 가르침을 배우고 있습니다. 단절감 속에서 살아가는 다양한 세대들이 통합되는 것은 구약에서부터 하나님께서 강조하셨던 일입니다.

우리 사회는 학교 교육제도부터 소비하는 구조에 이르기까지 각 세대들이 다 나뉘어져 있습니다. 교회에서도 그 일들은 반복되고 있습니다. 이 일을 회복하기 위해서 시드니다음교회는 부서별로 나누어서 예배드리는 현실에 공동체가 연결되는 통로를 만들어 가고 있습니다.

가장 먼저 시작한 일은 전 부서의 주일예배 설교 본문을 통일시킨 것입니다. 가정에서부터 자녀들과 '오늘 교회에서 어떤 말씀을 들었니?'라고 물을 수 있도록, 이 단순한 한 문장으로 대화를 시작할 수 있도록, 가정에서 영적인 대화의 물줄기를 열어 주기 위해서 결단을 내렸습니다.

이 흐름은 전 세대의 말씀 암송으로 이어 가고 있습니다. 기본적으로 시드니다음교회는 매 양육과정들마다 암송과 묵상을 중요한 내용으로 삼고 있습니다.

이에 더해서, 2021년도 4월부터는 매월 1개의 성경구절을 전교회적으로 암송하기로 했습니다. 킨디부터 6학년까지 매년마다 10개씩의 성구를 암송하게 됩니다. 주일학교와 순, 그리고 가정과 한글학교가 협업을 통해서 공동체가 말씀을 암송합니다.

앞으로 7년의 시간이 지난 후부터는 입교를 할 때 기본적으로 70개의 성경구절을 암송하게 됩니다. 우리의 자녀들을 말씀으로 키우기 위한 최소한의 수고라고 할 수 있습니다.

한 사람이 말씀 위에 세워져서 말씀으로 살아가는 과정은 교회가 홀로 할 수 없는 일입니다. 교회에서 시작될 수 있지만, 가정에서부터 시작되어야 합니다. 가정에서 하는 것이 진짜 변화가 시작된 것입니다. 가정이 이 모든 일의 기초이고 중심축입니다. 우리의 믿음이 삶으로 퍼져 나가는 실질적인 기초는 가정입니다.

4. 하나님의 계획은 처음부터 부모였다

특히, 부모는 자녀들에게 첫 번째입니다. 무엇이든지 다 첫 번째를 부모에게 경험합니다. 첫 번째 세계, 첫 번째 이웃, 첫 번째 은혜, 첫 번째 학교, 첫 번째 사랑…. 그렇다고 첫 번째가 순서의 의미만은 아닙니다. 이 첫 번째라는 말은 중요성의 의미도 있습니다. 자녀들이 인생을 살아가면서 가장 결정적이고 근본적인 영향을 줍니다.

이것을 디자인하신 분은 하나님이십니다. 자녀는 부모에 의해서 태어나고 부모의 손에서 자라납니다. 부모가 없는 자녀란 생각할 수 없습니다. 자녀들은 부모에게 애착을 형성하고 자라나고 살아갑니다. 가장 많은 시간을 보내는 대상은 부모입니다. 자녀는 부모의 모든 것을 닮습니다. 삶을 데칼코마니처럼 복제해 갑니다.

하나님께서 구약에서부터 지속적으로 자녀를 양육함에 있어서 부모의 역할을 강조하시는 것은 전혀 특별하거나 놀랄만한 일이 아닙니다. 지극히 자연스러운 일입니다. 신앙교육과 영적 유산을 물려주는 것에 있어서도 이 사실은 변치 않습니다. 구약의 교회에서 수천 년간 이어져 가정의 신앙교육을 강조해 온 쉐마는 이 사실을 잘 요약합니다.

신명기 6:6-9

오늘 내가 네게 명하는 이 말씀을 너는 마음에 새기고, 네 자녀에게 부지런히 가르치며 집에 앉았을 때에든지 길을 갈 때에든지 누워 있을 때에든지 일어날 때에든지 이 말씀을 강론할 것이며, 너는 또 그것을 네 손목에 매어 기호를 삼으며 네 미간에 붙여 표로 삼고. 또 네 집 문설주와 바깥 문에 기록할지니라

먼저 하나님은 부모 세대에게 이것을 주실 뿐 아니라, 자녀들에게도 그것을 가르치라고 말씀하십니다. 처음부터 하나님의 계획은 가정이었습니다. 하나님은 가정에서 믿음의 대상이신 하나님을 가르치고, 믿음의 내용인 하나님을 경외하는 법을 가르치고, 믿음의 책인 성경을 읽고 묵상하고, 말씀 안에서 살아가도록 자녀들을 가르칠 것을 명령하십니다.

코로나 사태로 인해서, 다시 가정의 중요성이 대두되고 있습니다. 그러나, 코로나로 인한 위기의 상황을 대처하기 위해서 가정이 부각되고, 가정이 교회의 역할을 대신 감당하는 것이 아닙니다. 이것은 잠시 해야 할 임시적인 역할이 아닙니다. 교회가 잊고 있던 역할입니다. 관심이 희미해져 귀를 기울이지 않았던 하나님의 명령이었습니다. 코로나 덕분에 우리는 비로소 다시 이 말씀 앞에 서고 있습니다. 하나님께서 이 시기를 통해서 가정 안에서 부모의 영적 지도자로서의 역할을 각성시켜 주시는 것입니다.

5. 다시 부모중심성을 회복해야 한다

주일학교를 학년 중심으로 세분화해서 구성하고 그 나이의 아이들에게 맞도록 설교를 하고 연령 그룹별로 교제권을 만들어 주는 것은 복음이 확장되는 것에는 도움을 주었습니다. 그러나, 가정 중심의 세대 통합적 믿음의 공유와 계승이라는 면에서는 잃은 것도 만만치 않습니다.

엄마도 아빠도 교회에 가고 자녀들도 가서 예배를 드리는데, 다른 예배실, 다른 목회자의 설교, 각자의 활동들로 인해서 가정에서는 정작 오늘 들은 말씀에 대해서 나눌 기회를 갖는 것이 쉽지 않습니다. 이야기를 나누어도 서로 다른 본문으로 말씀을 들었기 때문에 이야기가 끊기기 십상입니다.

가정에서의 대화 단절, 가정에서 사라진 말씀은 믿음의 공동체로서의 가정의 위기를 잘 대변해서 보여 줍니다. 그러나 이것은 단지 소통의 부재 이상입니다. 여기에는 믿음의 전수에서 교회와 함께 가장 중요한 공동체인 가정 속의 말씀의 부재, 가정 안에 영적 리더십의 부재, 믿음의 삶의 세대 계승의 부재를 내포합니다. 그리고, 이것은 결국 세속적이고 개인주의적이고 파편화된 신앙인을 만들어 내는 매커니즘으로 자리 잡게 됩니다. 교회가 가족교회를 통해서 관계 중심성을 회복해 가는 것처럼, 이제는 가정의 중심성을 또한 회복해야 합니다.

교회에만 두었던 믿음의 기초를 가정과 함께 다져야 합니다. 가정과 교회는 서로 보완하는 관계이지, 하나가 다른 하나를 대신할 수는 없습니다. 두 개의 공동체가 모두 건강하게 서 있어야 합니다. 이 위기의 때는 가정이라는 공동체를 회복할 수 있는 절호의 기회입니다. 모일 수 없는 때에 영상예배로 드리는 예배는 놓치고 있던 가정에서의 신앙교육을 시작할 수 있는 좋은 접점이 될 수 있습니다.

영상예배의 장점 중에 하나는 부모와 자녀가 동시간대에 함께 참여할 수 있다는 것입니다. 부모들이 자신의 예배를 따로 드리고, 자녀들의 예배를 함께 드릴 수 있습니다. 자녀들의 예배를 함께 드리고, 자녀들과 함께 활동도 참여하고, 자녀들과 함께 오늘 들은 말씀에 대해서 대화를 나누면서 가정 안에서의 멀어졌던 영적 대화를 시작할 수 있습니다.

자녀들과 대화를 나눌 때 가장 중요한 포인트는 자녀가 오늘 듣고 느낀 말씀을 이야기하는 것입니다. 대화가 또 한 번의 가르침이나 가정에서의 설교가 되지 않아야 합니다. 계속해서 듣는 것만 반복된다면 자녀들은 믿음이란, '계속해서 듣는 것을 견디고 참는 것!'이라고 여길 수 있습니다. 부모는 그리스도인이란 '견딤의 전사들', '듣기 위해서 참고 또 참는 사람들'이 아니라고 가정에서 자녀를 대하는 모습으로 말해 줄 필요가 있습니다.

그래서, 부모들은 자녀들과 함께 말씀을 들으면서 좋은 질문을 준비해야 합니다. 자녀들이 자연스럽게 자신의 생각을 이야기할 수 있도록 도와줄 수 있는 질문을 통해서 자녀에게 기회를 주어야 합니다. 답을 주는 것이 아니라, 생각하고 표현하도록 도와야 합니다.

이것을 위해서는 예배를 위한 대화만이 아니라, 평소의 대화도 중요합니다. 아이들의 영적인 관심만이 아니라, 평소에 아이들에게 관심이 있어야 합니다. 부모가 자녀들에게 관심을 갖고 자녀들의 말에 귀를 기울이고, 자녀들이 무슨 말을 하더라도 들어 주고 격려하고 거기에서부터 자녀들과 함께 가야 합니다.

부모는 자녀들이 서 있는 그 자리에서부터 대화를 시작해야 합니다. 자녀들의 기질이 다르고 호기심이 다르고 세상을 보는 관점이 다른 만큼 할 이야기들은 무궁무진합니다. 자녀들과 믿음의 대화를 나눌 때는 시간을 정해 놓고 하는 것이 가장 좋습니다.

필자의 가정은 토요일 저녁에 합니다. 아이들이 숙제와 친구들과의 영상교제, 놀이를 다 마치고, 저녁식사를 함께 하고, 둘러앉습니다. 이렇게 모여서 빼놓지 않고 하는 두 가지가 있는데, 대화와 기도입니다. 이렇게 '대화'와 '축복기도'라는 두 가지로 가정예배를 시작할 수

있게 된 것은 호산나교회 원로목사이신 최홍준 목사께서 전해 주신
《야곱의 식탁》이라는 책의 영향이었습니다.

이 책은 유대인들의 하브루타를 개혁주의적인 관점에서 재해석해
서 고신 측 교단 차원에서 가정예배를 시행하기 위해서 집필된 것입
니다. 가정예배를 다음 세대의 영적 습관으로 전수하고 가정을 통한
믿음의 세대 계승을 이루어 가기 위해서 그 방법론을 고민하고 있던
필자를 격려하시며 그 자리에서 선물해 주셔서 알게 되었습니다. 그
리고 책을 따라서 대화와 축복기도를 중심으로 한 가정예배를 시행
하고 있습니다.

우리의 가족모임은 잡담으로 시작할 때도 있고, 찬양으로 시작할
때도 있습니다. 자신의 일상이나 신변잡기를 나누기도 합니다. 성경
을 읽고 성경에 대해서 나누고, 지난 주 설교에 대해서 나누기도 하
고, 요즘 자기의 기도제목이나 고민들을 나누기도 합니다. 친구들의
어려움을 나누고 함께 염려하고 기도하기도 합니다.

이야기를 듣고, 함께 기도하는 시간은—지금은 그렇지 않지만 아이
들이 어렸을 때에는—때론 엉망진창이 되기도 하고, 때론 성령 충만
한 시간이 되기도 합니다. 그러나, 부모가 무엇을 느끼느냐가 아니라,
자녀들이 무엇을 느끼느냐가 더 중요합니다. 자녀들은 그 시간에 자
신들의 이야기를 들어 주고—가르치거나 잔소리하거나 말씀으로 조
종하려고 하지 않고—자신들을 위해서 기도해 주는 부모를 사랑하고
부모와 함께 갖는 그 시간도 존중합니다.

가정예배를 통해서 자녀들과의 영적인 교제를 가정에서 이어가길

바랍니다. 가정예배를 인도하면 부모들에게 즉각 일어나는 변화가 있습니다. 대화와 기도 중심으로 가정예배를 이끌어 보면, 내가 얼마나 부족한지를 금세 눈치채게 되는 것입니다. 부모가 준비되고, 부모가 충만하고, 부모가 여유가 있고, 부모가 평소에 깨어 있지 않으면 안 된다는 것을 알게 됩니다.

자꾸 말하려고 하고 듣지 못하고, 가르치려고 하고 아이의 마음을 공감하지 못하는 자신의 조급함을 만납니다. 생각지도 못했던 질문들에 녹초가 되기도 십상입니다. 아이들의 행동을 바꾸려고 마음을 망가뜨리는 경우는 비일비재합니다. 그때 부모는 마음의 갈급함이 달라지고, 자신부터 배워야 한다는 생각을 갖게 됩니다. 학습자가 되고, 경청자가 되고, 무엇보다 자녀들의 말 너머에 있는 마음을 읽기 위해서 기도하고 노력하게 됩니다. 신기하게도 그때부터 자녀들은 부모에게 관심을 줍니다.

이런 모습들 속에서 가정은 자녀들만 자라지 않고 부모도 함께 자라는 곳이 됩니다. 모든 사람이 그리스도의 장성한 분량이 충만한 데까지 이르는 제자의 성장과 성숙의 목표는 가정 안에서부터 시작하고 이루어지는 것입니다. 물론 부모가 조금 부족하고 어설플 수도 있습니다. 하지만, 성경에서는 부모에게 완벽해야 한다고 말씀하신 적이 없습니다. 무엇이 부족한지를 아는 것은 가장 좋은 부모의 길로 들어서는 초입에 비로소 서는 것입니다.

그러나, 가정예배를 드리고 자녀들과 성경을 읽고 대화를 나누고 기도하는 시간을 갖는 것으로 다 되는 것은 아닙니다. 부모는 자신이 의식을 하든 의식하지 못하든 가정 안에서 자녀들에게 제자훈련가들입니다.

우리가 믿음 안에서 살아가고, 하나님께서 주신 삶을 즐거워하고, 유머와 감사를 알고, 믿음의 언어를 쓰고, 믿음의 생각을 하고, 믿음 안에서 사랑하고, 믿음 안에서 어려움을 이겨 내고, 믿음 안에서 기도의 무릎을 풀지 않고, 믿음 안에서 하나님을 경외하며 살아가는 것은 자녀를 믿음으로 양육하는 가장 강력한 제자훈련입니다.

6. 가정의 영적리더십을 회복하라

가장 강력한 제자훈련은 보여 주는 것입니다. 그것이 예수님의 제자훈련이었습니다. 가정의 제자훈련은 일주일에 3~4시간이 아닙니다. 모든 시간에 모든 것을 배우는 곳입니다. 믿음이 삶의 모든 것에 어떻게 영향을 주는지를 배우는 곳입니다. 가정은 세상 최고의 '믿음 명문학교'입니다. 가정이 중요한 것은 가정이 완벽하기 때문이 아닙니다. 우리의 믿음이 이론이 아니고 사변이 아니라, 실제의 삶에 역사하는 모든 것에 대한 하나님의 능력인 것을 배울 수 있기 때문입니다.

그렇게 가정들이 믿음 안에 세워져 가도록 돕는 것이 교회의 역할이 되어야 합니다. 교회의 제자훈련과 가정의 제자훈련이 함께 갈 때 건강한 제자공동체로서 교회가 건강해질 뿐 아니라, 다음 세대에 진정성 있는 믿음을 물려줄 수 있게 됩니다.

가정이 회복되고, 부모가 믿음의 전수에 동참하는 것은 세대 단절이 극에 달해 있고, 이원론적인 신앙으로 믿음의 진공상태가 존재하는 사회의 각 영역들 속에 세대통합과 통전적인 신앙을 회복해 갈 수 있는 하나님의 오래된 대안이고 이 시대 우리를 하나님의 회복으로 이끄시는 분명한 인도하심입니다.

그러나, 부모의 회복은 그 이상의 의미가 있습니다. 이것은 성경을 회복하는 일입니다. 성경적인 가정을 회복하는 일이고, 성경적인 제자훈련을 회복하는 일입니다. 하나님의 기대는 신명기에서 모세를 통해서 이스라엘 백성들에게 쉐마를 주실 때나, 오늘이나 변치 않고 있습니다.

많은 분들이 코로나 시대의 대안으로 영상공동체, 영상 예배, 영상 사역을 꼽고 있습니다. 당연히 그 필요성과 시급성을 무시하거나 부인할 수 없습니다. 교회가 예배할 수 없고 모임이 불가피할 때, 영상은 차선의 선택으로 훌륭한 선택이 될 수 있습니다. 그러나, 진정한 코로나 시대의 대안은 성경에서 이미 우리에게 기록해서 보여 주고 있는 가정과 부모의 회복에 있습니다. 아주 오래되었지만, 새롭게 들려지는 부모의 신앙교육은 이미 우리에게 주신 가장 완전한 하나님의 계획이었습니다.

부디 가정 안에 있는 부모의 영적 리더십의 회복으로, 다음 세대들이 믿음을 들을 뿐 아니라 보고, 머리로 생각하는 것에서 가슴의 뜨거움으로 이어지고, 영상에서 일상의 순종으로 전해지길 원합니다. 코로나가 오든, 경제적 전성시대를 지나든, 대면과 비대면의 때에도, 변치 않는 주의 말씀 위에 세워진 가정을 통해서, 믿음을 몸으로 익히

고, 행동으로 배워, 진정한 시대의 부흥이 우리의 자녀 세대들에게 인
격과 습관과 체질까지 변화시키는 하나님의 방법으로 드러나길 기대
해 봅니다.

아홉 번째 만남,
주님과 주님의 교회를 위해서
헌신하며 살아가기

시드니다음교회는 교회를 방문한다고 다음가족으로 등록을 받지 않습니다. 새가족반을 마쳐야 합니다.

새가족반 이야기에 나오는 내용들에 대해서 강의를 듣고 나서 이 교회와 이 교회의 목회적인 방향과 핵심가치에 나도 함께 헌신하겠다는 서약을 할 때 다음가족이 됩니다.

아직 세례를 받지 않으신 분도 예수님을 알아 가고 앞으로 세례를 받고 믿음 안에 자라기 원한다면 다음가족이 되실 수 있습니다.

망설이시거나 아직 확신이 없으시면 하시지 않아도 괜찮습니다. 권유하거나 하도록 강요하지 않습니다. 성령께서 주시는 마음이고 성령께서 인도하시는 만남이라야 그분 안에서 하나 됨을 자연스럽게 경험하고, 더 깊은 헌신으로 나아갈 수 있기 때문입니다.

1. 왜 교회에 헌신해야 하는가?

우리가 교회를 향한 더 깊은 헌신으로 나아가야 하는 이유는 몇 가지가 있을 것입니다. 이것에 대해서《목적이 이끄는 양육》에서 릭 워렌 목사는 이렇게 설명합니다.

첫 번째는 그것이 예수님을 닮아 가는 것이기 때문입니다. 우리가 지역 교회에 속하고 지역 교회 안에서 믿음의 공동체를 이루어 갈 때, 주님께서는 우리가 그 교회에 헌신하길 원하십니다.

이것은 오늘날의 흐름과는 조금 다른 부분이 있습니다. 우리 시대는 예수님은 좋아하지만 교회는 그렇게 좋아하지 않습니다. 예수님께는 내 인생을 헌신하고 싶지만 교회에는 헌신하고 싶지 않습니다. 예수님은 필요하지만, 교회는 없어도 크게 차이가 없다고 생각합니다.

그래서, 교회를 정기적으로 다니기는 하지만 교회를 위해서 수고하려고는 하지 않습니다. 겉을 맴돌거나 거리를 두려고 할 때가 있습니다. 스스로는 주님을 믿고 주님을 사랑하고 주님을 섬기는 사람이라고 믿지만, 지역 교회를 위해서는 그렇게 할 필요가 없다고 느낍니다.

그러나, 주님은 그분의 교회를 사랑하라고 말씀하십니다. 그분의 교회를 섬기라고 말씀하십니다. 이것은 주님과 주님의 교회를 위해서 필요한 것이기도 하지만, 나를 위해서 하시는 말씀이기도 합니다. 그 교회의 축복이 나에게 돌아오기 때문입니다. 그것이 나를 자라게 하기 때문입니다. 그 과정에서 내가 예수님을 닮아 가도록 하기 때문입니다.

성경의 요청은 우리의 모든 것이 그리스도를 닮는 것입니다. 모든 요소들이 예수 그리스도 안에서 예수 그리스도의 장성한 분량이 충만한 데까지 자라 가는 것입니다. 그중에 한 가지는 예수님의 교회에 대한 헌신입니다. 예수님은 교회를 사랑하시고, 교회를 위해서 모든 것을 주셨습니다.

에베소서 5:25b

그리스도께서 교회를 사랑하시고 그 교회를 위하여 자신을 주심같이 하라

주님은 교회를 위해서 자신을 주셨습니다. 그리고, 교회가 탄생했습니다. 그 결과가 지역 교회입니다. 지역 교회들이 존재하는 이유는 예수님께서 자신을 주셨기 때문입니다.

그리스도인으로서의 성숙과 교회를 향한 사랑은 정비례합니다. 그리스도인으로서 그리스도를 더 많이 사랑하고 그 사랑이 깊어질수록, 주님께서 사랑해서 생명을 주신 교회를 더욱 사랑하게 됩니다. 누군가를 사랑할 때 우리는 그 사람의 모든 것을 사랑합니다. 너는 좋아하지만, 너가 좋아하는 것을 나는 받아들일 수 없다고 말하지 않습니다. 예수님은 좋지만, 예수님의 몸은 싫다는 말은 맞지 않는 표현입니다. 예수님을 사랑한다면 그분의 몸을 사랑할 것입니다.

그분께서 생명을 주시고 세우신 교회를 사랑할 것입니다. 그분께 헌신했다면, 그분의 몸에도 헌신한 것입니다. 주께 마지막까지 충성하길 원한다면, 교회에 마지막까지 충성할 것입니다. 주님의 뜻, 주님의 소원은 교회였습니다.

성경은 예수님께서 교회를 위해서 죽으셨다고 말합니다. 그리스도를 닮아 가면 닮아 갈수록 교회를 위해서 생명을 드리는 자리까지 갈 것입니다. 그것이 우리의 성장과 성숙의 한 면을 보여주는 것입니다.

두 번째는 문화적인 이유입니다.

우리가 사는 이 세대는 결혼이든, 직장, 심지어는 나라까지 더 이상 헌신해야 할 것으로 여기지 않습니다. 이러한 경향성은 교회에도 이어지고 있습니다. 사람들은 하나의 교회에 정착하고 그 교회를 섬기려고 하지 않습니다. 이 교회 저 교회를 순회하는 것으로 만족합니다. 자신의 취향과 자신의 편안함을 파괴하지 않는 교회를 찾습니다.

이것은 그간 교회들이 보여 주었던 노력의 결과들일 수도 있습니다. 성도들이 교회를 사랑하고 주님을 사랑하듯 한 교회를 이루고 그 교회를 섬기고, 그리스도의 제자의 모습으로 살아가는 대가 지불을 요청하지 못했습니다. 성도들의 편의와 눈과 귀를 즐겁게 해 주는 수고로 그들을 붙잡으려고 했던 과거를 부인할 수만은 없습니다. 그들을 그리스도의 제자요, 하나님 나라의 백성으로 보지 못하고, 취향에 따라서 소비하는 소비자로 대한 것입니다.

교회는 소비자들을 만족시키기 위해서 여러 가지 장치와 프로그램들을 준비하고, 성도들은 어느 순간 자신을 성령께 순종하고 그분의 뜻에 따라 자신을 내어 드리는 삶보다, 내가 더 좋아하는 교회를 찾아다니는 더 쉽고 편한 선택을 권리처럼 받아들이게 되었습니다. 이러한 경향이 철새 교인을 만들어 냈고 그 결과는 결국 어느 곳에도 정착하지 못하고 또 다른 교회를 찾아서 옮기는 행동을 반복하도록 만들었습니다.

우리가 헌신을 결정하는 것은 오늘날의 흐름을 거스르고, 더 나아가 그것을 막기 원하는 것입니다. 내가 이 교회에 헌신하겠다는 말이고, 나에게 좋은 교회가 아니라 주님께서 원하시는 그리스도인의 모습으로 살아가기로 결단하는 것입니다. 그러나 나의 교회가 아니라, 주님의 교회를 이루어 가겠다는 결단은 결국 나와 우리 모두에게 더 나은 결과로 돌아오는 것입니다. 그 헌신이 모두에게 축복이 되고 주님께 영광이 됩니다.

세 번째는 실제적인 이유가 있습니다.
'누가 시드니다음교회 교인인가?' 하는 것입니다. 동호회를 만들어도, 스포츠팀을 만들어도 명단이 있습니다. 학교나 학원에도 명단이 있습니다. 마지막 시간에 헌신을 결단하고 서약을 할 때 시드니다음교회에 공식적으로 등록을 하는 것이고, 등록교인이 된다는 것은 다음공동체의 공식적인 리스트에 올라가는 식구가 됨을 의미합니다.

네 번째는 개인의 영적인 이유도 있습니다.
복음을 깨닫고, 복음에 합당한 삶을 살아가는 것은 교회에 속하고, 교회에서 서로 공동체로 살아가는 것입니다. 성령 안에서 선한 영향력을 나누고, 공동체에 주신 부르심과 사명을 따라서 하나님의 나라를 위해서 살아가는 것입니다.
그리스도인의 기초는 예수 그리스도이십니다. 동시에, 그리스도인의 삶은 교회와 뗄 수 없습니다. 하나님의 공동체 안에서 살아가는 것은 이 세상을 창조하실 때부터 가지고 있는 하나님의 방법이고, 하나님의 뜻이었습니다.

주님은 우리가 교회에 소속되길 원하십니다. 예외적인 경우가 존재할 수 있지만, 구원은 그분의 교회에 속하라는 부르심과 만납니다. 그것과 동떨어지지 않습니다. 우리의 구원에는 지역 교회에 속해서 지역 교회를 중심으로 믿음이 자라고 성장해 가는 과정이 포함됩니다. 바로 그 부르심이 나에게도 있는 것입니다. 어느 특정 지역 교회의 식구가 되어 주님의 교회를 이루고 주님의 몸을 위해서 자신을 주는 섬김을 감당할 때 이 부르심은 성취될 수 있습니다.

시드니다음교회는 양육과 제자훈련을 하는 교회입니다. 가장 큰 제자훈련은 앞에서도 여러 번 언급했지만 서로를 보고 배우는 것입니다. 서로가 서로를 보면서 배웁니다. 좋은 것을 배우고, 서로의 약점을 나누는 것을 통해서 배웁니다. 성장은 나의 약함과 무능을 고백할 때 시작됩니다. 주일에 한 번 교회 와서 믿음으로 살고 영적으로 성장하는 것은 이루어질 수 없는 일입니다. 공동체는 서로에게 가장 훌륭한 교사이고 동반자이고 코치입니다. 모델이고 멘토입니다.

우리에게는 공동체가 필요합니다. 나도 다른 형제와 자매들이 필요하고, 그들도 내가 필요합니다. 영적 성장을 위해서 우리에게는 성령 안에서 함께 살아가는 믿음의 공동체가 필요합니다.

로렌스 크랩은《인간 이해와 상담》이라는 책에서 우리 시대에 익숙해져 있는 전문상담가의 역할을 비전문가들인 소그룹이, 교회의 형제 자매들 간의 열린 관계가 대신할 수 있다고 주장합니다. 그 역할을 감당할 뿐 아니라, 가장 완전하며 깊은 치유로 나아갈 수 있는 길이라고 역설합니다.

우리의 성장이 그렇습니다. 공동체를 통해서 그리스도 안에 살아가는 삶을 더 구체화하고 견고하게 해 갈 수 있습니다. 이 땅에 임한 하나님 나라의 능력을 공동체를 통해서 실제로 경험하게 됩니다. 우리는 이런 이유로 주님과 주님의 교회에 헌신하길 원합니다.

마지막 시간을 지나면서 우리는 동의하는 사이에서, 서로에게 헌신하는 사이로 관계의 변화를 경험하게 됩니다. 예수님 안에서 한 가족이 됩니다. 이미 한 가족이었는데, 서로에게 헌신하는 교회의 지체가 된 것입니다.

이제 우리에게 중요한 과제는 교회의 하나 됨을 지키는 것입니다. 그래서 먼저 나누는 이야기는 하나 됨을 지키기 위해서 우리가 할 일들입니다.

2. 교회의 하나 됨을 지키기 위해서 할 일들

《목적이 이끄는 양육》에서 릭 워렌 목사는 이것을 세 가지로 정리하는데, 먼저 교회를 사랑하는 것입니다. 교회를 사랑하는 것은 다른 성도들을 사랑하는 것입니다. 다른 성도들을 사랑함으로 교회의 하나 됨을 지킬 수 있습니다.

베드로전서 1:22

너희가 진리를 순종함으로 너희 영혼을 깨끗하게 하여 거짓이 없이 형제를 사랑하기에 이르렀으니 마음으로 뜨겁게 서로 사랑하라

시드니다음교회에 속하게 하신 주님의 뜻은 같은 마음을 주셔서 한

공동체를 이루고, 같은 헌신의 마음으로 같은 공동체에 있게 하신 다른 성도들을 사랑하라는 것입니다.

교회는 완전한 사람들이 모인 곳이 아닙니다. 그리스도의 사랑이 필요하고, 형제 자매의 사랑이 필요한 사람들이 모인 곳입니다. 우리 교회의 성도들은 완전한 사람들이 아닙니다. 그 불완전한 사람들도 사랑해야 하는가? 물론입니다. 그것이 헌신입니다.

아내나 남편이 불완전해도 사랑하는 것이 결혼입니다. 부모가 불완전하지만 사랑하는 것이 공경입니다. 친구가 부족하지만 사랑하는 것이 우정입니다. 완전할 때까지 사랑을 지연시키거나 내가 바라는 완전을 유지하는 조건으로 사랑할 수는 없습니다. 그것은 사랑이 아닙니다. 우리 모두가 사랑할 수 없는 부분을 가지고 있기 때문에, 완전함을 기대하시는 분이 계시다면, 실망할 수밖에 없습니다.

서로 다르고 부분적이고 부족한 사람들이 이루고 있는 공동체에 가장 필요한 것은 믿음, 소망, 사랑 중에 사랑입니다. 하나 됨은 사랑으로 지켜집니다.

두 번째는 수군거리지 않는 것입니다.

에베소서 4:29

무릇 더러운 말은 너희 입 밖에도 내지 말고 오직 덕을 세우는 데 소용되는 대로 선한 말을 하여 듣는 자들에게 은혜를 끼치게 하라

수군거림은 가벼운 것처럼 보이지만 교회를 파괴하는 힘이 있습니다. 성경에 사단을 표현하는 단어가 여러 개 있습니다. 그중에 예수

님께서 사용하신 디아블로가 있습니다. 이 단어의 뜻은 디아(가운데, 통과하다)+발로스(던지다)입니다. '가운데에 던지다.' 혹은 '가운데를 통과하다.'라는 뜻입니다. 거울의 가운데 돌을 던지면 깨집니다. 가운데를 관통해서 지나가면 깨집니다. 이것이 사단입니다. 사단의 일은 나누는 것입니다. 하나님과 사람들의 사이를 나눕니다. 사람들 사이를 나눕니다.

수군거림은 나누는 일에 참여하는 것입니다. 성경에서는 이것이 죄라고 말합니다. 사람들이 하나님에게서 멀어지게 하거나 사람들끼리 나누는 행동입니다. 이것이 죄의 핵심입니다. 죄는 나누고, 세력을 만들고, 편을 가르고, 힘을 자랑하고, 자신을 과시합니다.

교회가 사단에게 기회를 주어서는 안 됩니다. 우리는 예수님을 믿고 예수님을 따릅니다. 그러나, 우리가 수군거리고 내부적인 그룹을 만들고 공동체에 주신 부르심과 주님의 교회와 관계없이 자신들만의 길을 걷게 될 때, 우리는 주님의 백성이지만, 사단을 닮은 행동을 하고 있는 것입니다. 그래서, 바울은 그것을 하지 않도록 요청합니다. 수군거림은 그냥 나쁜 습관이 아닙니다. 그것은 주님의 몸을 나누는 죄입니다.

그래서, 시드니다음교회는 교회 안에 사적인 모임을 인정하지 않습니다. 개인적인 이익과 목적을 위한 활동을 허용하지 않습니다. 특정인이나 특정한 목적을 위해서 내부적인 그룹을 형성해서는 안 됩니다. 비즈니스적인 이익을 위한 모임도 허락하지 않습니다. 동시에 이단이나 교회와 관계없는 어떤 활동도 격려하지 않습니다. 어떤 모양이든 예수 그리스도안에서 교회가 하나되어 함께하지 않고, 따로 모임을 만들어서 수군거리는 것은 본인에게나 교회에게 아무런 유익이 없습니다.

교회 안에서 교회와는 별개로 존재하는 그룹은 우리의 몸으로 따진다면, 에너지는 계속해서 빨아들이지만 전체를 위해서는 아무런 역할도 감당하지 않는 '암'과 같은 것입니다. 교회는 예수님 안에서 이미 하나입니다. 교회는 예수님 안에서 새 가족이든, 이미 공동체 안에 속해 있는 성도들이든, 방문자들이든, 어떤 사람이든 만나고 사랑하고 축복하고 서로를 섬기는 곳입니다. 언제 왔든, 어디 출신이든, 어떤 일을 하든 교회는 예수 그리스도 중심으로 이어지고 연결된 공동체입니다. 교회는 한 몸 공동체로 모두와 연결되고, 모두를 사랑하는 공동체입니다.

교회가 나누어져야 한다면 그때는 한 가지의 때입니다. 생명을 전하기 위해 교회를 개척할 때입니다. 정들었던 순원들과 헤어져서 새로운 순을 분가할 때입니다. 나누어짐은 모두 아픕니다. 외과수술을 통해서 잘라 내면 몸은 살지만 암 덩어리는 죽습니다. 그러나 출산을 하면 모두가 살게 됩니다. 세상이 알 수 없는 기쁨과 희열이 있습니다. 감탄과 감사가 있습니다. 주께서 주신 목적, 그분의 교회를 개척하고 주님의 나라가 확장되기 위한 어려움과 수고를 사랑으로 견디고 감당하는 교회는 주의 나라가 흥왕해 가는 주의 생명의 역사를 보게 될 것입니다.

세 번째는 지도자를 따르는 것입니다.

히브리서 13:17

너희를 인도하는 자들에게 순종하고 복종하라 그들은 너희 영혼을 위하여 경성하기를 자신들이 청산할 자인 것같이 하느니라 그들로 하여금 즐거움으로 이것을 하게 하고 근심으로 하게 하지 말라 그렇지 않으면 너희에게 유익이 없느니라

"경성한다"는 것은 깨어서 지켜본다는 것입니다. 목회자는 예수님 앞에서 성도들에 대한 책임을 자신이 담당할 자인 것처럼 섬기는 자라는 말씀입니다. 다음공동체를 섬기는 영적인 지도자들을 존중해 주십시오. 자녀들의 영혼을 돌보고 말씀을 먹이는 교역자들과 간사님들을 우리의 자녀들에게 하나님의 영적 양식을 먹이는 목자로 존중하고 세워 주십시오.

목회자들만이 아니라 성도들 가운데서 각자의 은사를 따라서 목양과 교육, 양육과 사역을 맡아 섬기는 자들을 위해서 기도해 주십시오.

기도하실 때 정해진 시간에 꾸준히 기도해 주십시오. 홀로 설 수 있는 지도자는 없습니다. 주님을 닮은 사역자들이 될 수 있도록, 교회를 잘못된 길로 이끌지 않도록, 주님 앞에 서서 주님의 뜻을 분별하도록 기도해 주십시오.

3. 교회를 이루기 위해서 할 일들

우리가 하나 된 교회로서 실질적으로 참여해야 하는 부분도 있습니다.

먼저, 가족교회에 참여하십시오. 가족교회에 대해서는 앞장에서 다루었기 때문에 더 길게 나누지는 않겠습니다. 주일 예배만 오신다면 예배를 보고 갈 수는 있지만, 공동체를 경험할 수는 없습니다. 가족교회에서 서로 기도제목을 나누고, 삶을 나누십시오. 믿음의 도전과 격려를 나누십시오. 선교를 위해서, 선교사님들을 위해서 기도하고 헌신하고 섬기십시오. 주님의 몸을 경험하는 시간이 되실 것입니다.

두 번째, 양육과 훈련에 참여하십시오. 여러분들이 다음가족이 되신다는 것은 반드시 양육과 훈련에 참여하겠다는 것을 의미합니다. 가장 먼저 참여하실 과정은 생명의 삶입니다. 양육과 훈련에 참여하지 않으시면 여러분들은 그리스도인으로 살아가는 것이 무엇인지를 더 깊게 나눌 수 있는 기회를 잃어버리게 됩니다. 그리스도의 제자는 우리의 부르심이며 우리 시대에 회복해야 할 부르심입니다. 주님께서 교회에 대해서 가지고 있는 꿈입니다. 주를 따르기 위해서 우리의 삶을 온전히 드리길 바랍니다.

세 번째는 사역에 참여하는 것입니다. 이것은 교회에 다니는 태도를 새롭게 해야 가능한 일입니다. 새가족반을 수료하시고 나서 바로 가장 간단한 사역부터 섬겨 보십시오. 오랫동안 기다리시지 말고 공동체의 한 부분으로 섬겨 보십시오. 사역신청서를 통해서 사역에 참여하길 원하시는 분들은 언제나 함께하실 수 있습니다. 여러분의 은사를 가지고 섬기십시오. 이렇게 모든 성도들이 주님의 몸 된 교회를 위해서 섬길 때 그 몸은 건강할 수 있습니다.

2009년 1년 동안 미국에 머무는 시간을 가졌습니다. 그동안에 꼭

가 보고 싶었던 곳이 몇 군데 있었습니다. 그중에 한 곳이 캘리포니아 롱 비치에 정박해 있던 Queen Mary호였습니다. 이 배는 세계에서 가장 크고 호화로운 초대형 여객선이었습니다. 제2차 세계대전이 발발하고, 미 군부는 이 배를 전쟁에 사용하기 위해서 호화객실을 다 없애고 군인들만 15,000명을 실어 나르는 수송선으로 개조를 했습니다. 고(故) 랄프 윈터 박사님은 이 배를 예로 들어 오늘날 영적전쟁의 한복판에서 주를 섬기는 교회가 어떤 모습으로 존재해야 하는지 예를 들어 소개를 하곤 했습니다.

지금은 구원받을 수 있는 마지막 때입니다. 지금은 주님의 다시 오심을 기다리는 종말의 때입니다. 어떤 교회는 10%의 승무원이 90%의 승객을 돕습니다. 어떤 교회는 30%의 성도가 70%의 성도를 돕습니다.

시드니다음교회는 100%의 성도가 100%의 성도와 우리가 살고 있는 도시, 그리고 다음 세대와 열방을 섬기는 퀸 메리호와 같은 배가 되길 기도했습니다. 개조되기 이전의 배가 아니라, 개조된 이후의 배입니다.

모든 성도가 주의 제자가 되어 이 도시와 열방을 누비며 살아갈 때, 주의 나라가 임하고 승리하는 함성이 여기저기에서 들릴 것입니다. 시드니다음교회를 다니는 태도를 새롭게 할 수 있기를 바랍니다. 주님의 교회를 섬기고, 주님께서 우리를 사역자로 부르신 교회를 섬기길 원합니다. 주의 일은 멀리 있지 않습니다. 주님은 그 일을 주의 교회를 통해서 이루십니다. 바로 주께 주의 나라를 구하고, 섬길 수 있는 능력을 구하고, 순종하는 지역교회를 통해서 이루십니다.

그리고, 이제 마지막으로 우리가 믿음을 가지고 살아갈 때, 원칙으로 삼아야 할 것을 몇 가지 나누도록 하겠습니다.

4. 다음가족으로서 원칙으로 삼아야 할 것들

이것들은 당연하게 받아들여야 할 것들입니다. 당연한 것이 당연하지 않고 예외가 자주 발생하면 기초가 흔들리게 됩니다. 위기를 만나게 됩니다. 이 말씀들은 하나님을 위해서 지키는 것이 아닙니다. 결국은 이 말씀이 나를 지키고 우리를 지킵니다.

가장 먼저, 예배는 우선순위에 두십시오.

히브리서 10:25

모이기를 폐하는 어떤 사람들의 습관과 같이 하지 말고 오직 권하여 그날이 가까움을 볼수록 더욱 그리하자

시드니다음교회는 무교회주의를 추구하지 않습니다. 우리는 매 주일 하나님의 백성들이 함께 모여서 하나님을 예배하는 것이 그분의 자녀들에게 주신 하나님의 명령이고, 구원받은 성도들에게 주어진 최고의 특권이며 영광이라고 믿습니다. 다음가족은 예배를 무엇보다 중요하게 생각합니다. 예배를 양보하지 않습니다.

자녀들에게도 예배를 가르치십시오. 주일에는 예배하는 날인 것을 정확하게 가르치십시오. 주일에 다른 일정을 잡지 않는 것을 어릴 때부터 가르치십시오. 공부나 교제모임들은 주중에 일정을 잡으시고,

주일은 예배를 위해서 구별하십시오. 주님은 주일을 다른 것에 양보하신 적이 없습니다.

두 번째, 주중에도 주와 함께 동행하는 삶을 살아가십시오.

빌립보서 1:27

오직 너희는 그리스도 복음에 합당하게 생활하라

다음가족이 되는 것은 나의 가정과 직장과 일상 속에서 하나님의 주재권을 인정하고 살겠다는 다짐을 포함하는 것입니다. 주일 11시와 월요일 11시에 함께하시는 주님이 같은 분이신 것을 기억하며 살아가는 것입니다. 주께서 함께하심을 감사하고, 주님을 매 순간 바라보며 살아가십시오. 오늘이 주 안에 살아갈 수 있도록 그리스도께서 피로 값 주고 사신 날입니다. 나에게 구별해서 주신 바로 그날입니다. 오늘은 그리스도 안에 살아가도록 나를 부르신 날입니다. 주 안에 거하십시오.

마지막으로 자주 질문을 듣는 헌금에 대한 이야기를 나누겠습니다. 헌금은 자원함과 기쁨으로 드리시면 됩니다. 성경에서 헌금에 대해서 가르쳐 주는 가장 기본적인 원리입니다.

레위기 27:20

땅의 십분 일 곧 땅의 곡식이나 나무의 과실이나 그 십분의 일은 여호와의 것이니 여호와께 성물이라

다음가족이 된다는 것은 주님의 교회와 주님의 나라의 재정적 필요에도 동참하겠다는 것을 의미합니다. 우리가 재정을 주님께 드리는 가장 큰 이유는 다음과 같습니다. '주님의 교회가 건강하게 세워지고, 하나님의 나라가 이 도시와 열방에 이루어지는 것'입니다.

우리는 헌금을 봉헌할 때마다 이 문장을 언급합니다. 우리가 헌신하는 이유를 기억하고, 그것을 위해서 재정적인 헌신을 하기 위해서입니다. 물질과 믿음은 별개가 아닙니다. 우리의 재정의 주인은 하나님이시고, 하나님께서 주신 재정의 일부는 주님의 교회와 주님의 나라를 위해서 사용하라고 주신 것입니다.

하나님께서는 우리에게 주신 것으로 주의 나라와 주의 뜻이 이루어지도록 자원함과 기쁨으로 드리는 그분의 자녀들을 기뻐하십니다. 주님의 마음을 알고 그 재정을 사용하기 때문입니다.

단, 헌금을 드릴 때는 몇 가지의 실제적인 부분을 고려해야 합니다. 현재의 수입이 가정의 생계를 유지하는 데 부족하다면, 십일조가 아니라 삼십분의 일(1/30)조나 오십분의 일(1/50)조를 드리셔도 괜찮습니다. 주님께서는 은퇴를 하셨거나 재정적인 어려움 중에 있는 것이 무엇인지를 아십니다.

이 부분에 대해서 평신도신학의 대표적 저술가인 폴 스티븐스가 리전트 컬리지에서 은퇴 후에 강연하는 내용을 시청할 기회가 있었습니다. 그 내용 중에 일부가 헌금에 대한 것이었는데, 그는 이렇게 말했습니다. "나는 은퇴를 하고 연금을 받아서 생활을 하고 있습니다. 그것을 받아서 생활하면서 십일조를 드리는 것은 생계를 유지하는 데 어려움이 있습니다. 그래서 나는 십일조를 드리지 못하고 있습니다. 대개 삼십분의 일 정도를 드립니다."

십일조는 우리를 죽이는 율법이 아니라, 살리는 율법입니다. 교회를 복되게 하고 세상을 복되게 하는 자원함과 기쁨의 율법입니다. 우리의 재정이 풍성할 때 주의 나라를 위해서 십의 이조나 십의 삼조를 드릴 수 있는 것처럼, 이십일조나 삼십일조도 드릴 수 있습니다. 주님은 우리의 중심을 보시지 액수를 보지 않으십니다.

또 한 가지 중요한 것이 부부가 동의하는 액수를 드리는 것입니다. 한쪽이 믿음이 약하시거나 아직 헌금을 왜 해야 하는지를 알지 못하신다면, 더 드리기 위해서 부부관계에 계속해서 갈등과 불안을 조성하지 않으셔도 됩니다. 부부가 동의하는 액수를 드리시면 됩니다. 배우자가 복음을 이해하고, 주님의 나라가 이 땅에 세워져야 함을 깨닫는다면, 주님 앞에 자원함과 기쁨으로 드리는 것을 주저하지 않게 될 것입니다.

주님 앞에 드릴 재물로 인해서 관계를 깨뜨릴 이유는 없습니다. 그 헌금을 드릴 때마다 주님께서는 아직 화해하지 않은 자에게 가서 관계를 풀고 오라고 하십니다. 그렇게 말씀하시고 계신 주님 앞에서 관계의 위기를 자초하지 않아도 괜찮습니다. 적은 물질도 괜찮습니다. 주님께서는 부부가 함께 마음을 모아서 주께 드리는 예물을 기뻐하실 것입니다.

오늘날 시대는 주님께 예물을 드릴 때 자원함과 기쁨 외에 한 가지가 더 필요해졌습니다. 바로 신실함입니다. 맡은 사역에 대해서 마지막까지 구해야 할 것은 '신실함'이라고 하셨습니다. 오늘날은 물질에 대해서도 마지막까지 구할 것은 '신실함'이 되었습니다. 물질이 우상이 되었기 때문입니다. 물질에도 신실한 주님의 청지기가 되십시오.

긴 시간 수고하셨습니다. 이제 시작입니다. 그분의 교회를 이루고 섬기는 가슴 벅찬 여정이 우리에게 시작된 것처럼 예수님 안에서 여러분의 인생에도 시작되길 바랍니다.

이야기를 마치면서

교회!

시드니에 다음교회를 개척하면서 저의 마음에 있던 단 하나의 문장은 '예수님께서 주인이신 교회'를 세우는 것이었습니다.

그래서, 시드니다음교회 새가족반에서는 다른 이야기들보다 교회에 대한 이야기를 나누는 데 관심을 두었습니다. 교회를 다니셨던 분들뿐 아니라 교회를 처음 나오신 분들도 공통적으로 이야기를 나눌 수 있는 주제가 교회였습니다.

교회를 처음 와서 갑자기 복음을 듣거나 갑자기 믿음을 가지라는 요청보다는 평생을 그 안에 계셨던 분이시든, 사회 속에서 잠깐씩 지나가면서 보았던 분이든 관계없이 교회는 모두가 소외되지 않고 이야기를 나눌 수 있는 주제였습니다.

주님께서 주신 교회에 대한 조감도를 함께 나누는 새가족반의 시간들은 그곳에 처음 오셔서 참가하시는 분들뿐 아니라, 나에게도 매번 새로운 자극과 도전의 시간이었습니다. 감사한 것은 새가족반을 섬기는 분들도 동일한 고백을 한다는 것입니다. 지금 우리가 이루고 세우는 교회가 무엇인지를 상기시켜 주고 재정리하게 해 주고, 교회에 대한 비전으로 가슴이 뜨거워지고 새롭게 헌신하게 되는 계기가 되게 해 주었습니다.

풀러에서 선교목회학 과정을 공부하고 있을 때 참여했던 로버트 클린턴 교수님의 〈리더십〉 강의는 결코 잊을 수 없습니다. 그 한 과목만 수강했더라도 미국에 머문 1년이 결코 아깝지 않은 시간이었습니다. 내 인생을 정리하게 해 주고, 앞으로 살아갈 삶에 대해서도 분명한 눈을 열어 주었습니다.

그 내용 중에서도 잊을 수 없는 한 문장은 "끝을 보고 시작하라!"라는 외침이었습니다. 잘 준비된 지도자가 많지 않고 잘 마치는 지도자는 더 적은 현실에서, 지도자로 준비되고, 잘 마치기 위해서, 해야 할 일로 꼽아 주신 것이 내가 서 있을 마지막 모습을 생각하면서 지금을 살아가라는 가르침이었습니다.

시드니다음교회 새가족반은 나에게 그런 의미입니다. 시드니다음교회의 끝을 보는 시간! 이 시간을 거듭할 때마다 시작할 때의 첫 마음을 돌아보지만, 동시에 시드니다음교회의 마지막을 계속해서 그려 봅니다. 우리가 어디를 향해서 가고 있는지, 우리가 이루길 원하는 최종적인 모습은 무엇인지를 되짚어 보고, 그곳에 초점을 맞춥니다. 다시금 확신을 갖고 교회를 섬기는 마음을 다잡습니다.

이 새가족반 강의는 새가족들에게 하는 것이지만, 강의를 진행하는 나를 위한 강의이기도 합니다. 그리고, 다음공동체의 '오늘'과 '내일'은 그것에 따라서 만들어져 가고 있습니다.

감사한 것은 주님께서 같은 마음을 주신 성도들과 함께 동역자가 되어 이 교회를 이루게 하시고 이 교회를 현실 속에 드러나게 하고 계시다는 것입니다.

앞으로도 시드니다음교회는 예수님을 모르시는 분들과 교회를 떠난 분들에게, 교회가 필요한 분들에게 다가가길 원합니다. 성경적인 교회를 회복하는 데, 그런 교회를 경험하는 데, 그런 교회의 비전이 현실에 드러나는 데 헌신할 것입니다. 주님의 손과 주님의 발이 되어서 세상으로 나아가 하나님의 나라가 우리가 사는 도시의 각 영역들 속에 임하길 원합니다. 천국을 경험하는 공동체로, 천국을 이 도시에 그리고 열방에 나누는 공동체로, 그분의 부르심대로 살아가길 원합니다.

시드니다음교회 10주년을 돌아보며 우리의 첫 마음을 다시 기억하고자 시작한 NEXT 시리즈의 첫 번째 책을 마무리합니다. 이 책을 펼쳐 보는 모든 다음 가족들마다 우리에게 주신 첫 마음을 회복하고, 첫 사랑으로 다시 서길 원합니다. 우리의 첫 사랑이 가장 작은 사랑이 되고, 우리의 첫 마음이 가장 미숙한 마음이 되길 바랍니다. 시간이 길어질수록 우리의 사랑이 더 싶어지고 우리의 마음이 더 커지길 기도합니다.

그리고 우리의 마지막은 주님을 더욱 닮아 가고, 천국이 이 땅에 능력으로 임해 하나님의 뜻이 하늘에서 이루어진 것같이 땅에서도 이루어지는 복된 공동체가 되길 바랍니다.

로버트 클린턴 교수님의 마지막 강의 후에 누구랄 것도 없이 다 같이 일어나 환호와 함께 박수를 치기 시작했습니다. 5분이 지났을지,

10분이 지났을지 모르지만 그 박수는 끝날 줄을 몰랐습니다. 하나님의 사람으로 부르신 것이 무엇인지를 명쾌하게 드러내 주신 명강의에 대한 박수였습니다.

그러나, 더 깊은 곳에는 우리를 부르시고, 부르심대로 살게 하시고, 마지막까지 인도하실 주를 향한 확신과 영광의 박수였습니다. 우리가 다 함께 주 앞에 서게 되는 날 그 영광의 주 앞에 서서 그분께 합당한 찬양과 경배, 환호와 박수를 올려 드리는 시간이었습니다.

우리의 마지막에 일어날 그 일을 우리의 마음에 품게 하시고 사모하게 하시고 또한 이루실 주를 바라보며….

리드컴(Lidcombe)의 미라클 컴플렉스(Miracle Complex) 서재에서,

김도환 목사 드립니다.

넥스트
교회
넥스트
비전

ⓒ 김도환, 2022

초판 1쇄 발행 2022년 1월 22일

지은이   김도환
펴낸이   이기봉
편집   좋은땅 편집팀
펴낸곳   도서출판 좋은땅
주소   서울특별시 마포구 양화로12길 26 지월드빌딩 (서교동 395-7)
전화   02)374-8616~7
팩스   02)374-8614
이메일   gworldbook@naver.com
홈페이지   www.g-world.co.kr

ISBN   979-11-388-0588-9 (03230)